JN125739

ユネスコ無形文化遺産 風流（ふりゅう）踊

近江湖南のサンヤレ踊り
近江のケンケト祭り長刀振り

―神を囃し 人が舞う―

監修 滋賀県民俗文化財保護ネットワーク

写真 辻村耕司

SUNRISE

プロローグ

湖国の春を彩るサンヤレ踊りとケンケト祭り長刀振り。近江を代表するこれらの祭りが、このたびユネスコの無形文化遺産「風流踊」として全国各地の祭りとともに登録されました。

国の重要無形民俗文化財に指定されたこれらの「風流踊」。全国から41件。近江からはサンヤレ踊りとケンケト祭り長刀振りの2件が登録されました。

2件と数えられていますが、実は、県内の多くの地域の祭りがこのなかに含まれていることをご存知でしょうか？

地域の数、すなわち祭りの数、氏子関係者の人数は、今回ユネスコ登録された41件の中において全国最大でしょう。

近江の「風流踊」は、中世、都で流行した災厄防除の風流囃子物と称される文化がいちはやく当地に伝来し、地域の人々の暮らしの中で営まれる祭礼芸能として根付き、各地で独自の展開を遂げて今日に至ります。飢饉や災害などいくたびもの危機を乗り越え現在まで継承されてきた近江の風流踊は、中世の囃子物のプリミティブなかたちをよく伝えているとされています。

本書では、各地のサンヤレ踊りやケンケト祭り長刀振りの華やかで多様な世界をご紹介いたします。大人から子どもまでが活き活きと輝き、魅力ある地域の姿も知っていただきたいとの願いもこめています。

「神を囃し人が舞う」風流の世界をじっくりとご覧ください。そして現地に出かけご自身の五感で祭りを堪能しましょう。

瀧樹神社のケンケト踊り

目次

近江の祭りの歴史的背景

イナブロの小鷺を背にするフリコ（杉之木神社）

近江富士といわれる三上山を背に進む小津神社の神輿

1　近江の地域と風土

近江国は、県の面積のおよそ6分の1を占める琵琶湖が中央にあり、湖に面して豊かな田園平野が広がり、さらにその平野の周囲を伊吹、鈴鹿、比叡、比良などの山々が取り囲むという地域である。周囲の山々から流れ出る大小約450本の河川は、ほぼすべて琵琶湖に流れ込むという琵琶湖の集水域が「近江国」であり、現在の滋賀県にほぼそのまま引き継がれている。

琵琶湖の周りには豊饒な平野部が形成され、弥生時代以降、日本有数のコメどころとしてその生産力を誇ってきた。また周囲の山々では木地師や炭焼きなどの山での暮らしも営まれ、琵琶湖や河川ではエリやヤナなどの伝統漁法は今も続けられている。

人々はこの琵琶湖が育む恩恵に預かりながら農業や漁業、林業などの生業を営み、こうした生業は、鮒ずしに代表されるなれずしなどの独自の食文化も育んできた。

近江の村々は、中世の惣村に起源を持つところも多く、強固な結束を誇ってきた地域である。平野部の村は人家が密接して建ち、氏神の鎮守の森、寺院の大きな屋根が遠くからでも見て取れるという集落景観をなしている。集落では生業や信仰に深く結び付いた祭りや年中行事が四季を通じて行われており、人々の暮らしに溶け込み、祈りがささげられてきた。

さらに、東海道や中山道など都と各地を結ぶ大動脈が古くから

長浜市川道のオコナイ

通る地域でもあり、人と物資が盛んに行き交う交通の要衝としての地域性も持ち合わせている。

2　近江の祭りと風流踊

近江は祭りや年中行事が豊かに継承されている地域である。こうした祭りは、それぞれの土地の風土やそこに暮らす人々によって育まれてきたものである。

近江の祭りは、大津や長浜、日野などの曳山祭礼（山・鉾・屋台行事）のように大規模な都市祭礼が有名である。一方では年頭のオコナイ行事や山の神行事、夏から秋に行われる野神行事やソウモク行事などが各地の集落で脈々と行われている。

こうした集落の氏神の例大祭では、風流踊が奉納されている地域も多数ある。

風流とは、華やかな意匠を趣向とし、人目を驚かせることに眼目をおいた美意識のことである。当初は貴族の優美な細工物などから発生し、趣向を競う造り物のことをいうようになった。さらに発展し、仮装をともなう歌や踊りという芸能をも含む概念となった。

中世の人々は感染症など災厄をもたらすのは疫神の仕業によるものだと考えていた。近代的な医学の知識や衛生環境が整わない時代において、こうした疫神を笠鉾など造り物に憑依させ、地域

守山市小津神社のサンヤレ（赤野井西別院）

外に送り出し、地域の安泰を願った。この神霊の依り代としたものが風流の造り物であり、鞨鼓や太鼓、鉦、鼓、ササラなどの楽器で賑やかに奏しつつ踊り、疫神を囃し送り出した。こうした疫神送りの芸能は、拍子物や風流囃子物と呼ばれ、室町時代に都で流行し、周辺地域にもひろがった。ここ近江にも戦国時代頃に伝わり、その後、各地の氏神の祭礼行事において奉納する芸能として定着した。これがサンヤレ踊りやケンケト祭り長刀振りである。近江のサンヤレ踊りやケンケト祭り長刀振りは、古い時代の風流囃子物の系譜をひくものとして研究上特に重要であるとされている。

一方、都では時代が下ると、楽器を奏して踊る囃子物の周囲を着飾った大勢の踊り衆が取り囲み、当時の流行した小歌を歌いつつ踊るという踊りが登場し、流行する。この踊りが近江に伝わると、雨を乞う踊りやその返礼の踊りとして踊られるようになり、さらに各地で様々な工夫が凝らされた踊りができた。これが太鼓踊りである。太鼓踊りは近江で最もポピュラーな風流踊として、現在も40以上の地域で継承されている。

近江の風流踊は、当時、都で流行した最先端の文化をいち早く取り入れたものである。地域のなかで時代とともに独自の姿に変容させつつも、氏神の祭礼芸能や雨乞いの踊りとして永く継承されてきた。そこには地域の繁栄や五穀豊穣を願う人々の深い祈りが込められている。

（矢田直樹）

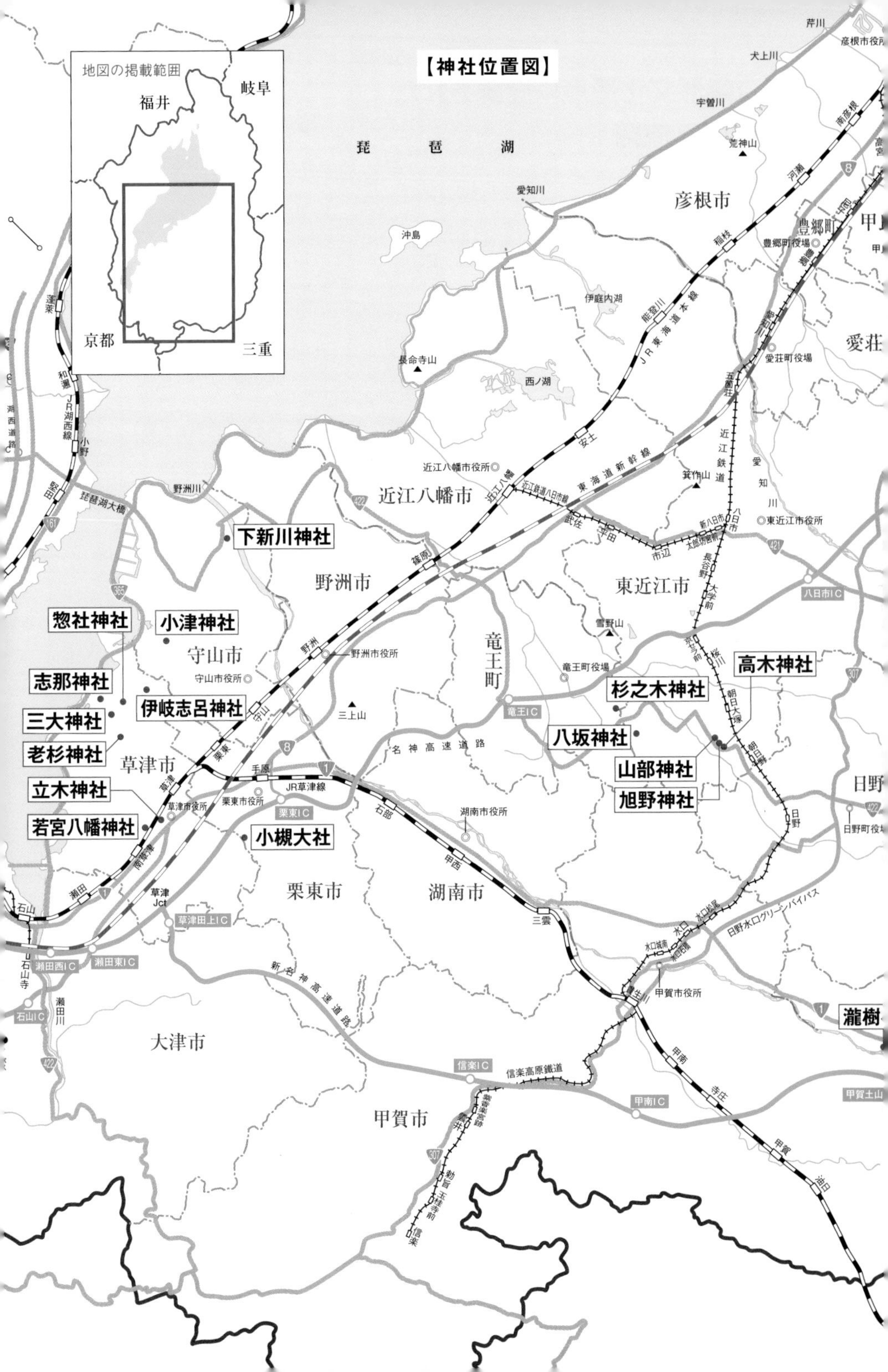
【神社位置図】
地図の掲載範囲
福井
岐阜
京都
三重
琵琶湖
彦根市
近江八幡市
野洲市
守山市
草津市
栗東市
湖南市
竜王町
東近江市
大津市
甲賀市
豊郷町
愛荘
日野
下新川神社
惣社神社
小津神社
志那神社
伊岐志呂神社
三大神社
老杉神社
立木神社
若宮八幡神社
小槻大社
高木神社
杉之木神社
八坂神社
山部神社
旭野神社
瀧樹
JR東海道本線
東海道新幹線
近江鉄道
JR湖西線
JR草津線
名神高速道路
新名神高速道路
信楽高原鐵道
日野水口グリーンバイパス
彦根市役所
豊郷町役場
愛荘町役場
東近江市役所
近江八幡市役所
野洲市役所
守山市役所
竜王町役場
草津市役所
栗東市役所
湖南市役所
甲賀市役所
日野町役場
八日市IC
竜王IC
栗東IC
草津田上IC
瀬田西IC
瀬田東IC
石山IC
信楽IC
甲南IC
甲賀土山
草津Jct
琵琶湖大橋
沖島
伊庭内湖
西ノ湖
長命寺山
荒神山
箕作山
雪野山
三上山
芹川
犬上川
宇曽川
愛知川
野洲川
瀬田川

ユネスコ無形文化遺産に登録された日本全国の風流踊

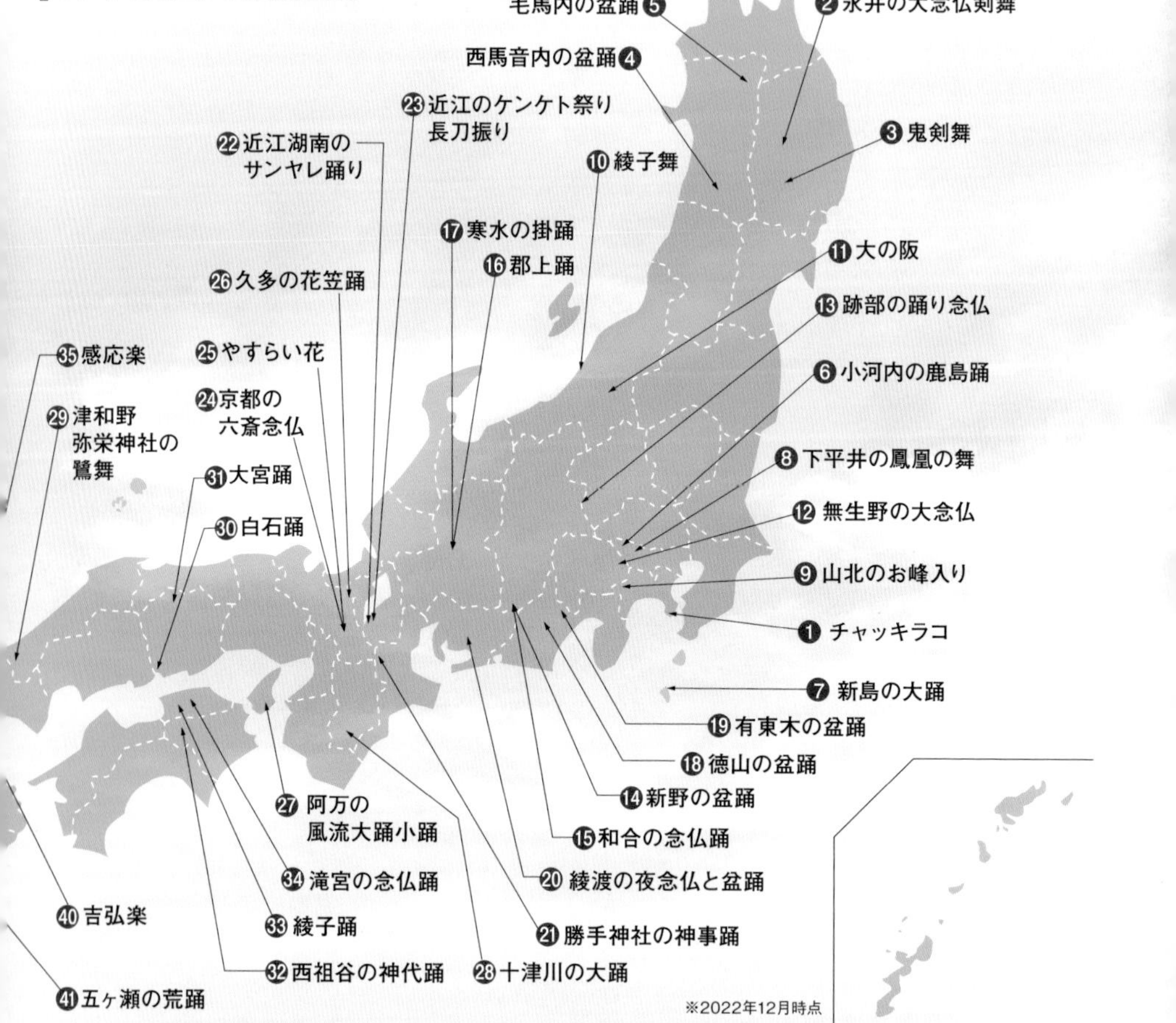

① チャッキラコ
② 永井の大念仏剣舞
③ 鬼剣舞
④ 西馬音内の盆踊
⑤ 毛馬内の盆踊
⑥ 小河内の鹿島踊
⑦ 新島の大踊
⑧ 下平井の鳳凰の舞
⑨ 山北のお峰入り
⑩ 綾子舞
⑪ 大の阪
⑫ 無生野の大念仏
⑬ 跡部の踊り念仏
⑭ 新野の盆踊
⑮ 和合の念仏踊
⑯ 郡上踊
⑰ 寒水の掛踊
⑱ 徳山の盆踊
⑲ 有東木の盆踊
⑳ 綾渡の夜念仏と盆踊
㉑ 勝手神社の神事踊
㉒ 近江湖南のサンヤレ踊り
㉓ 近江のケンケト祭り長刀振り
㉔ 京都の六斎念仏
㉕ やすらい花
㉖ 久多の花笠踊
㉗ 阿万の風流大踊小踊
㉘ 十津川の大踊
㉙ 津和野弥栄神社の鷺舞
㉚ 白石踊
㉛ 大宮踊
㉜ 西祖谷の神代踊
㉝ 綾子踊
㉞ 滝宮の念仏踊
㉟ 感応楽
㊵ 吉弘楽
㊶ 五ヶ瀬の荒踊

※2022年12月時点

ユネスコ　無形文化遺産　とは

「無形文化遺産の保護に関する条約」（無形文化遺産保護条約）を締結し、国際的保護を進める枠組み。日本はこの条約策定段階から積極的に関わり、2004年に世界3番目の条約締結国となっている。2006年に条約が発効し、2023年1月現在締約国は180か国となっている。

この条約において、(a) 口承による伝統及び表現、(b) 芸能、(c) 社会的慣習、儀式及び祭礼行事、(d) 自然及び万物に関する知識及び慣習、(e) 伝統工芸技術といった無形文化遺産について，締約国が自国内で目録を作成し，保護措置をとること。また、国際的な保護として、「人類の無形文化遺産代表的な一覧表」や「緊急に保護する必要がある無形文化遺産の一覧表」の作成、国際的な援助などが定められている。

無形文化遺産に登録とは、「人類の無形文化遺産代表的な一覧表」に記載されることで、多種多様なものがある無形の文化遺産があるなかで、文化の多様性を尊重するという観点から「代表的なもの」としてリストに載せるということである。現在、全世界で567件が記載されている。

全国41件の「風流踊」が
ユネスコ無形文化遺産に登録

我が国から提案された「風流踊」が、2022年11月30日にモロッコで開催された無形文化遺産保護条約第17回政府間委員会において「人類の無形文化遺産の代表的な一覧表(代表一覧表)」に記載されることが決定した。

この中に滋賀県の重要無形民俗文化財「近江湖南のサンヤレ踊り」と「近江のケンケト祭り長刀振り」が含まれている。

小津神社

対馬の盆踊㊳
平戸のジャンガラ㊱
大村の沖田踊・黒丸踊㊲
野原八幡宮風流㊴

我が国の無形文化遺産登録（代表一覧表記載）

条約で保護される対象として日本の文化財保護法の類型に当てはめると、①芸能や工芸技術などの無形文化財、②風俗慣習などの無形民俗文化財、③文化財保護技術、この３類型が該当する。

★ 重要無形文化財
■ 重要無形民俗文化財
● 文化会審議会決定
◆ 選定保存技術

2008	能楽★　人形浄瑠璃★　歌舞伎★
2009	雅楽★　小千谷縮・越後上布★【新潟】 奥能登のあえのこと■【石川】　早池峰神楽■【岩手】 秋保の田植踊■【宮城】　チャッキラコ■【神奈川】　大日堂舞楽■【秋田】 題目立■【奈良】　アイヌ古式舞踊■【北海道】
2010	組踊★　結城紬★【茨城・栃木】
2011	壬生の花田植■【広島】　佐陀神能■【鳥取】 【情報照会】◆本美濃紙、秩父祭の屋台行事と神楽、高山祭の屋台、男鹿のナマハゲ
2012	那智の田楽■【和歌山】
2013	和食：日本人の伝統的な食文化●
2014	和紙：日本の手漉和紙技術★【石州半紙、本美濃紙、細川紙】 ※2009年に無形文化財登録された石垣半紙【島根】に国指定重要無形文化財【保持団体認定）である本美濃紙【岐阜】、細川紙【岐阜】、細川紙【埼玉】を追加して拡張登録。
2016	山・鉾・屋台行事■ ※2009年に無形文化遺産に登録された京都祇園祭の山鉾行事【京都】、日立風流物【茨城】に、国指定重要無形民俗文化財である秩父祭の屋台行事と神楽【埼玉】、高山祭の屋台行事など31件を追加し、計33件の行事として拡張登録。
2018	来訪神・仮面・仮装の神々■ ※2009年に無形文化財に登録された甑島のトシドン【鹿児島県】に、重要無形民俗文化財である男鹿のナマハゲ【秋田】、能登のアマメハギ【石川】、宮古島のパーントゥ、遊佐の小正月行事（アマハゲ）【山形】、米川の水かぶり【宮城】、男鹿のカセドリ【佐賀】、吉浜のスネカ【岩手】、薩摩硫黄島のメンドン【鹿児島】、悪石島のボゼ【鹿児島】を追加して拡張登録。
2020	伝統建築工匠の技：木造建築物を受け継ぐための伝統技術◆ ※2009年に提案したものの未審査となっていた国の選定保存技術「建造物修理・木工」に「檜皮葺・杮葺」「建造物装飾」等を追加。
2022	風流踊 2009年に記載された「チャッキラコ」を拡張して全国40件の民俗芸能を追加し、計41件の行事として拡張登録。

近江湖南のサンヤレ踊り

老杉神社

小杖祭り

近江湖南のサンヤレ踊り

近江湖南のサンヤレ踊りは、華やかに趣向を凝らした出で立ちの子どもたちを主体とした踊りである。太鼓や鞨鼓、ササラなど、打楽器中心の楽器群を有し、子どもたちがそれらの楽器をはっきりとしたリズムで奏でながら踊り、周囲の囃し手が独特の囃子詞で囃す。歌を伴う地区もあり、この時の歌はいずれも短い詞章の歌である。踊りの諸役は行列の形式をとって踊り、かつ地区内を巡行しつつ踊る。このような特色は、中世後期に登場する風流囃子物という祭礼芸能にみられるもので、近江湖南のサンヤレ踊りは、風流踊に先行し、その母胎ともなった風流囃子物の姿を今にうかがわせる貴重な伝承である。また、風流囃子物は、疫神祓いの性格を持つ芸能であったが、近江湖南の地域では、災いを祓うとともに五穀豊穣を願い行われてきた。

サンヤレ踊りを伝えるのは、滋賀県の南部に位置する草津市の矢倉、下笠、片岡、長束、志那、吉田、志那中および栗東市の下戸山。災いを祓うとともに五穀豊穣の願いをこめて、各地の神社祭礼で踊られており、草津市の各地区は5月3日、栗東市の下戸山では5月5日に行われている。栗東市下戸山の小槻神社大祭での踊りは、「サンヤレ」の囃子詞を伝えてはいないが、楽器編成や、囃し手の存在、踊り振りなどの点から草津市のサンヤレ踊りと同系統の芸能と考えられる。

草津の地は古代に近江国府のあった現在の大津市に隣接し、畿内から東国に向かう時は、多くの場合、この地を経由した。草津の地名は13世紀末の記録にみえ、草の津、すなわち陸の物資集積の地であったことをうかがわせる。近世には江戸から京へ向かう東海道と

片岡のサンヤレ踊り（草津市提供）

矢倉のサンヤレ踊り（草津市提供）

下笠のサンヤレ踊り

中山道が合流する宿場として栄え、盛んに文物の往来があった東西交通の要衝の地である。

貞享2年（1685）に刊行された『日次紀事（ひなみきじ）』によれば、近世京都近郊の村落での行事にサンヤレの囃子詞があった。また、サンヤレという語は、18世紀初頭に刊行された『松の葉』など、当時の上方や江戸で流行した歌謡の歌詞集にみられることから、広い範囲で流行した囃子詞であったと考えられる。本件に関する記録としては、志那中地区の明和7年（1770）「御神事格鋪帳」、下笠地区の天明2年（1782）「祭礼踊之一義覚」などがあり、そのほか、下笠地区に貞享5年（1688）3月や享保6年（1721）3月の年紀がみえる踊り衣裳が、吉田地区の元禄17年（1704）4月5日の銘文のある鞨鼓、矢倉地区の正徳3年（1713）4月吉日と銘文のある陣羽織などが伝えられている。これらのことから、この地のサンヤレ踊りの始まりは定かではないものの、京都で17世紀後半に流行していた芸能がほどなく流入し、近世農村の祭礼芸能として伝承されてきたと想定される。

各地区のサンヤレ踊りの姿は一様で

長束のサンヤレ踊り（草津市提供）

はないが、独特の囃子詞を有する以外にも、子どもたちが太鼓、鉦鼓（しょうこ）、鞨鼓、ササラなどの打楽器を務めること、子どもたちは花笠を被ったり、模様染の浴衣や長着を着た上に、色鮮やかな帯を結んで腰に垂らしたり、襷を掛けて背中に垂らしたりするなど、華やかに趣向をこらした扮装であること、踊りの一行は行列の形式をとって踊り、かつ隊列をなして地区内を巡行して歩くことなど、共通の内容を持っている。例えば矢倉地区では、稚児を先頭に、次に楽器群、さらに成人男子による踊り子の順で二列縦隊を成し、特定の家々、御旅所（おたびしょ）、地区内の神社等へと移動しつつ、二列縦隊の形式で決められた場所で踊る。下笠地区も同様で、鼓を先頭に二列縦隊で進み、宿である地区の会館を出発し、神社や御旅所を廻って再び宿に戻る途次、神社境内に祀られる各社に対して踊るほか、所定の場所で踊りを繰り返す。

この踊りは、太鼓や鞨鼓、ササラなどの楽器によるリズムにあわせ、跳躍や回転などの所作で踊るものである。矢倉地区では、子どもたちによる楽器がリズムを主導し、子どもたちは楽器を奏しながら飛び跳ねたり、位置を変えたりする。加えて、手に扇と榊の枝を持った成人男子による踊り子が「サンヤレ　サンヤレ」と囃しながら、左右の膝を交互に高くあげて踏み替え、次にその場で右に一回転する。下笠地区の踊りは、「練り込み」と「踊り」で成り立っている。「練り込み」は踊りの場へ練り込む時の踊りで、鼓が先頭となり上半身を前後させながら足を踏み変えて進みつつ踊る。この時、鞨鼓は腰を落として、足を後ろに蹴り上げる要領で歩を進め、同時に両手で鞨鼓を前に運ぶ所作を繰り返す。「踊り」では、最初に鼓が打たれた後、鉦鼓、笛、太鼓、ササラ、鞨鼓が合奏を始める。全体にコの字型の隊形をとり、中央で太鼓打ちが、太鼓持ちの差し出す太鼓を打つ形で踊る。音頭取りも打楽

吉田のサンヤレ踊り

志那のサンヤレ踊り

志那中のサンヤレ踊り（草津市提供）

器のリズムに合わせて左右に体の向きを変えながら踊り、歌う。この時、手に笹を持った人々が踊りの一行を取り囲み、音頭取りの歌う一節ごとに掛け合いの形で「サンヤレ　サンヤレ」と囃していく。歌は短い詞章の繰り返しで、手拍子に乗るようなリズミカルな歌い方で歌われる。

以上のような特色から、近江湖南のサンヤレ踊りは、中世後期にみられる祭礼芸能の姿を今にうかがわせる貴重な伝承であり、芸能の変遷の過程を示し、また地域的特色も顕著であると評価され、国の重要無形民俗文化財に指定されている。

（文化庁文化財第一課芸能部門主任文化財調査官　吉田純子）

矢倉のサンヤレ踊り

矢倉のサンヤレ踊りは、5月3日、2年に一度、立木神社の祭りにおいて踊られる。

草津市矢倉は、旧東海道の街道筋に面した地域で、祭りでは、立木神社の御旅所から稲荷社や若宮八幡宮など街道筋の各所で踊り奉納しつつ巡行し、立木神社で踊り納めとなる。

踊りは、稚児を先頭にササラ、ケケチ（鉦）、鞨鼓、太鼓打ちと太鼓受け、摺鉦、

- **開催日**　5月3日（隔年）
- **開催地**　若宮八幡宮　草津市西矢倉3丁目1
立木神社　草津市草津4丁目1-3
- **アクセス**　草津駅東口より徒歩15分程度

音頭取り、踊り子が2列で、サンヤレ、サンヤレと囃しながら踊る。

稚児、ササラ、ケケチ、太鼓打ちは、花笠を被り、浴衣に陣羽織、袴、紅白の襷などで着飾った子どもが務める。音頭取りと踊り子は頭に菅笠、黒紋付に裃を着け、手には幣（へい）を付けた榊を左手、団扇もしくは扇を右手に持ち、楽器のリズムに合わせ一堂が踊る。

矢倉のサンヤレ踊りは、居住組（いじゅうくみ）と呼ばれる組織で継承されている。

居住組は、慶長19年（1614）に草津宿の拡張に伴い、当時の膳所藩主により若宮八幡宮の近辺に住む30戸を東海道沿いに移住させられて以来居住しているという由緒を持つ家々からなる。

華やかな踊りが、街道の雰囲気を残す町内各所を巡行し、かつての東海道の賑わいをほうふつとさせる。

（草津市提供）

目の脇に朱を入れた稚児
（写真：関和夫）

南草津駅に近い矢倉稲荷神社（草津市提供）

【若宮八幡神社】

応神天皇を祭神とし、社殿は古墳時代後期の古墳の上にある。住宅街に囲まれているが、閑静なたたずまいの落ち着いた雰囲気が漂い。本殿の後ろの樹木にその年輪を感じることができる。

【立木神社】

1200余年の歴史を有する、滋賀県隋一の古社。旧東海道に面して鎮座し、古くより交通安全厄除けの神社として信仰を集めている。境内には延宝8年(1680)11月建立の銘がある県内で最も古い石造りの旧追分道標が立つ。

頭に菅笠、左手に榊の枝、右手に団扇や白扇を持つ踊り子(写真：関和夫)

(草津市提供)

上記４点 立木神社

(草津市提供)

音頭取りと踊り子（写真：矢田直樹）

笹踊り

矢倉のサンヤレ踊りは、宵宮の2日の夕刻に、笹踊りが行われる。

笹踊りは、踊り子が左手に笹を持って踊ることに由来し、翌日の本祭りでは榊を持って踊る。

2日の夕刻、高張提灯を先頭に、本祭と同様の役者構成と演目を子ども役者の家など東海道筋の家々で踊りながら、立木神社の鳥居で踊り納めとなる。

笹踊りを継承していることは矢倉のサンヤレ踊りの特徴であり、下笠のサンヤレ踊りでは笹踊りが復活をしている。

矢倉の笹踊り（写真：矢田直樹）

下笠のサンヤレ踊り

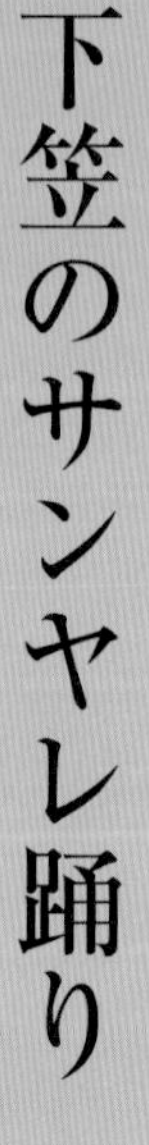

- **開催日**　5月3日
- **開催地**　老杉神社　草津市下笠町1194
- **アクセス**　JR草津駅から近江バス琵琶湖博物館行　下出下車徒歩5分

下笠のサンヤレ踊りは、5月3日、老杉神社の祭りで踊られる。草津市下笠は、琵琶湖岸の平野部に位置する大きな集落である。

踊りの一行は、下笠会館で準備を整え、一踊りした後、老杉神社に向かう。老杉神社の境内に練り込み、本殿から順に各祭神に踊りを奉納していく。神輿の渡御に付いて踊りの一行も御旅所に向かい、町内各所で踊りつつ、老杉神社、下笠会館に戻り踊り納める頃には夕刻となる。

花笠や色鮮やかな衣装をまとい着飾った子ども達が踊りの主役として観衆の目を引きつける。

　踊りは、鼓、棒振り、小鉦打ち、ササラ、羯鼓、摺鉦、笛、太鼓打ち、太鼓受け、音頭取り、囃子手など大人数で編成される。

　棒振り、小鉦打ち、ササラ、羯鼓、太鼓打ちは子ども達が務める役で、頭に花笠、友禅染の長着に肩で襷掛け、手甲（てっこう）と脚絆（きゃはん）を付ける。

　太鼓打ちは、中腰で踊り、太鼓受けとの息の合ったバチさばきを披露する。

　音頭取りは、リズムに合わせ手にした団扇を上下に振りながら、身体の向きを左右に替えつつ腰を落として踊り、歌う。

　音頭取りは、獅子や牡丹が刺繍された長着に縞の裁付袴、鼓は、飛龍が刺繍された長着に縞の裁付袴という衣装で、江戸時代に製作された衣装も保管されている。

エトエト祭（老杉神社のオコナイ）

下笠では「八村（やむら）」と呼ぶ八つの宮座組織があり、それぞれ長老衆により構成されている。この「村」が1年交代で「エトエト行事」など年間を通して様々な行事の当番を務める。なかでも2月15日のエトエト行事では、日本でも他に類例がない珍しい神饌（しんせん）を手作りし各祭神に供える行事である。

出来上がった特徴ある老杉神社の神饌

すり跳び踊り（写真：矢田直樹）

【老杉神社】

文武天皇慶雲元年に神霊が平森大杉に降臨し、後に社殿を造営し東西一郡の守護神となった。
現在の社殿は享徳元年に下笠美濃守源高賀が奉建し、享禄3年に改修された。慶長6年、戸田采女頭が膳所城主になると、当地はその領地になり同8年に神領10石を寄進された。以来代々城主より社領の安堵があった。明治2年老杉神社と改称。祭神は素戔嗚尊。

赤い布で顔を覆う笛吹きと鉦摺りは大人が担う

花笠をかぶるササラ摺り

飛龍文（左）や波文（右）が入った衣装

老杉神社から渡御に出る御輿

片岡のサンヤレ踊り

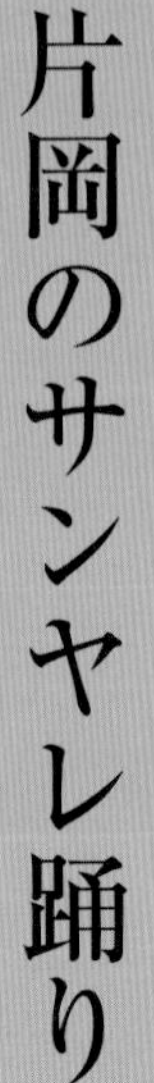

草津市片岡は、琵琶湖にほど近い平野部に位置する集落で、氏神の印岐志呂神社の5月3日の春祭りにおいてサンヤレ踊りが踊られる。

印岐志呂（いきしろ）神社は、片岡町に鎮座し、周辺の長束町、芦浦町、下寺町、守山市十里町の鎮守社である。

祭りではこれらの地区が交代で神輿を出すなど祭りを担当するが、片岡町のサンヤレ踊りは毎年奉納される。

踊りは、神社の楼門から練り込みの踊りで始まり、社務所前の踊りまで切れ目なく一気に踊られる。

- **開催日**　5月3日
- **開催地**　印岐志呂神社ほか　草津市片岡町245
- **アクセス**　JR草津駅から近江バス琵琶湖博物館行　片岡下車

（草津市提供）

【印岐志呂神社】
創建は不詳、天智天皇の勅願により大和国三輪大社から分祀されたという。たびたび戦火で焼失したが、芦浦観音寺詮舜、観音寺長賢が社殿を修理。今の社殿は寛政4年観音寺慈観が造営した。

踊りは、太鼓打ちと太鼓持ちを中心に、コの字の隊形で、左右の先頭から鉦、ササラ、笛が並び、後方に団扇を持った踊り子達が並ぶ。

拝殿正面、本殿前、片岡の神様とされる二宮社前、社務所前では隊列が整えられ、「サンヤレ」との歌を伴う踊りが披露される。

踊り子達の衣装は、黒襟の白法被（はっぴ）であるが、襟裏や裾、両袖の裏には友禅染の裂地で飾っている。太鼓打ちは友禅染に黒襟の法被に襷掛けの衣装をまとい、観衆の目を引きつける。

広い印岐志呂神社境内に太鼓が響き渡る

タイコウチの少年の衣装はお宮参りの際の産着を使って仕立てる

（このページの写真すべて草津市提供）

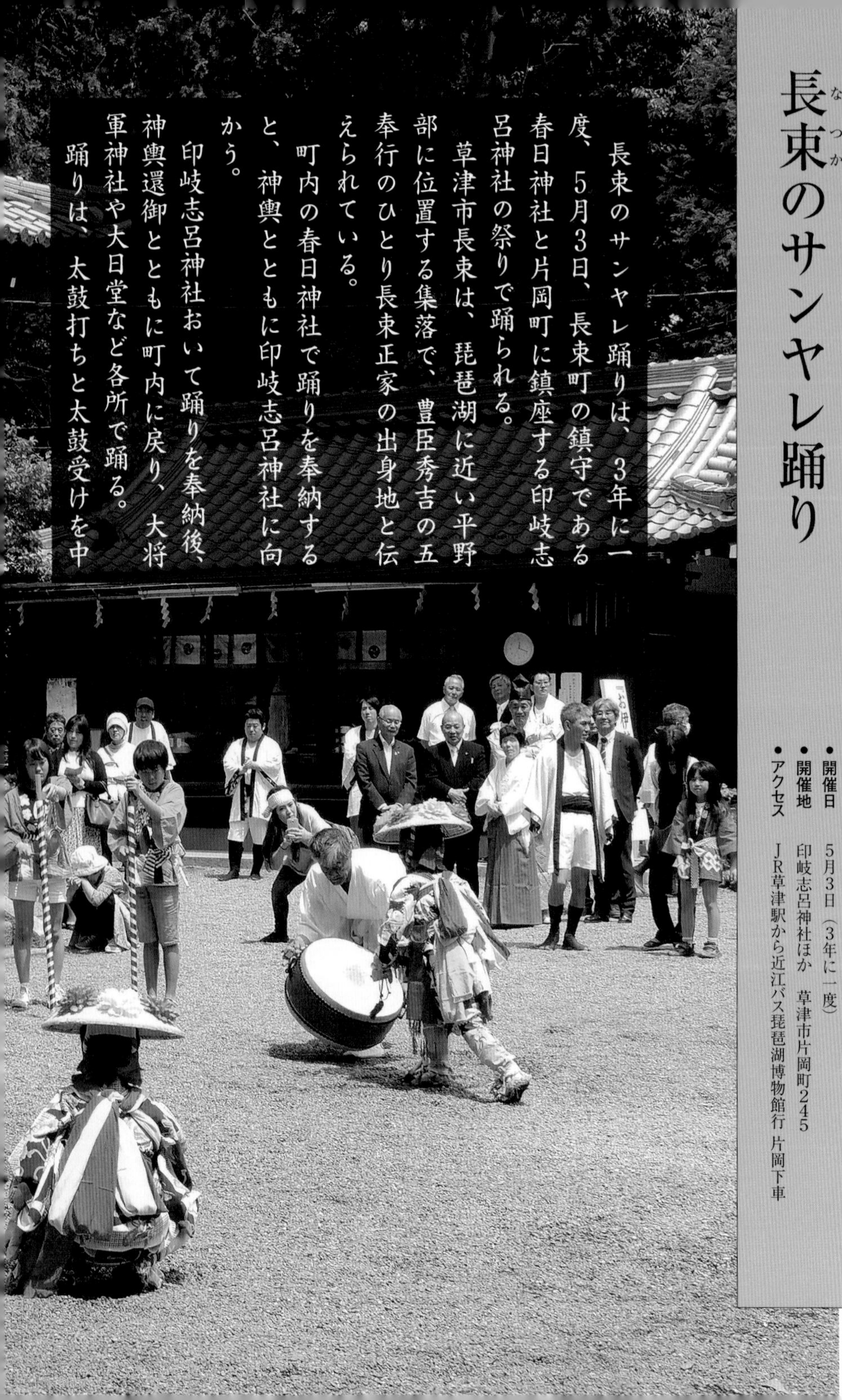

長束（なつか）のサンヤレ踊り

長束のサンヤレ踊りは、3年に一度、5月3日、長束町の鎮守である春日神社と片岡町に鎮座する印岐志呂神社の祭りで踊られる。

草津市長束は、琵琶湖に近い平野部に位置する集落で、豊臣秀吉の五奉行のひとり長束正家の出身地と伝えられている。

町内の春日神社で踊りを奉納すると、神輿とともに印岐志呂神社に向かう。

印岐志呂神社おいて踊りを奉納後、神輿還御とともに町内に戻り、大将軍神社や大日堂など各所で踊る。

踊りは、太鼓打ちと太鼓受けを中

- 開催日　5月3日（3年に一度）
- 開催地　印岐志呂神社ほか　草津市片岡町245
- アクセス　JR草津駅から近江バス琵琶湖博物館行 片岡下車

心に、左右に鉦や笛がならび、後ろに音頭取りがならぶ。

太鼓打ちは、小学生が務め、花笠を被り、友禅染の長着、襷掛け、手甲、脚絆と華やかに着飾る。

長束の渡御行列には、獅子頭を携えて巡行する。この獅子頭は文亀二年の銘があり、草津市指定有形文化財に指定されたもので、長束のサンヤレ踊りの特徴の一つといえる。

（草津市提供）

【印岐志呂神社】

創建は不詳、天智天皇の勅願により大和国三輪大社から分祀されたという。たびたび戦火で焼失したが、芦浦観音寺詮舜、観音寺長賢が社殿を修理。今の社殿は寛政4年観音寺慈観が造営した。

（写真：関和夫）

（写真：関和夫）

（写真：関和夫）

獅子頭（栗東歴史民俗博物館提供）
かつて、踊りの輪で目を引いた立派な獅子頭は、長束町に伝わるもので室町時代の作とされる。草津市の有形文化財に指定されている。

獅子頭をつけるようす（草津市提供）

志那のサンヤレ踊り

草津市志那は、琵琶湖に面した集落で、室町時代以降、湖上交通の拠点の一つである志那港が発達した。

志那のサンヤレ踊りは、5月3日、志那神社の祭りで踊られる。

祭り当日は、志那会館で踊りを行い、志那神社に向かう。神社での祭典後、境内入り口からの練り込みに始まり、本社から白山社、八幡社、黒姫社、社務所前に至るまで囃子が途切れることなく踊り

●開催日　5月3日
●開催地　志那神社　草津市志那町727　ほか
●アクセス　JR草津駅から近江バス琵琶湖博物館行 北大萱下車

を奉納していく。
その後、神輿とともに御旅所に向けて巡行し、町内の神社や寺で踊りを奉納していく。

【志那神社】

創祀年代が不詳であるが、清和天皇御宇貞観9年御奉納の鏡、鈴2品が現存し、「奉近江国伊富伎神」、古鈴銘に「貞観九年四月」とある。鳥居から拝殿まで松並木の参道は長く、かつては、志那三郷(志那・吉田・志那中)より馬を出し豊作の吉凶を占う競馬があったといわれている。

踊りは、太鼓打ち、太鼓受け、太鼓補助、鼓、笛、鉦、音頭取りで編成され、金棒や青竹を持った警護が付く。

踊りの一行は、頭に鉢巻き、白法被、黒帯、足には脚絆を着用する。

志那の踊りは、比較的ゆっくりとした「練り込み」と早いテンポの「サンメ」の2部構成となっている。

サンメになると歌が入り、踊り子と呼ばれる音頭取りは、リズムに合わせ手にした団扇を振りながら、身体を前傾姿勢にして踊りながら歌う。

速いテンポにあわせ太鼓打ちと太鼓受けは一心同体の素早い動きを披露し、力強くキレのある踊りが志那の特徴である。

志那のサンヤレ踊り

吉田のサンヤレ踊り

●開催日　5月3日
●開催地　三大神社ほか　草津市志那町309
●アクセス　JR草津駅から近江バス琵琶湖博物館行 北大萱下車

吉田は、志那、志那中と一括して志那三郷と称され、琵琶湖岸にも近く、水田がひろがる地域である。

吉田の氏神は、集落の中央に鎮座する三大神社において、5月3日の春祭りにサンヤレ踊りが踊られる。

踊りの一行は、本殿前で太鼓打ちと太鼓受けを中心に、鉦、笛、踊り子がコの字に囲み、踊り子のかけ声とともに踊りが奉納される。

本殿前から若宮、オッタケさん、えびす社、玉勝社、白髭社と次々に踊りが奉納されていく。

吉田のサンヤレ踊りは、三大神社境内に咲く市指定天然記念物「三大神社のフジ」との共演が見どころとなる。

踊りは、太鼓打ち、太鼓受け、鉦、笛、踊り子で編成され、踊り子の一人が囃子歌の音頭を取ると、残りの2名が繰り返し歌い囃す。

踊りの一行は、頭に鉢巻き、白法被、黒帯、足には脚絆を着用する。太鼓打ちは、白法被の下に友禅染の襦袢（じゅばん）を着て襷を掛ける。

三大神社から神輿の渡御について御旅所で踊られ、神輿が還御するとその前で踊って踊り納めとなる。

天智天皇の勅を受け大中臣金連が天智4年風神の二柱を祀った式内伊富伎神社がその後、祭神が三神となったため邑人等三体神権現と称するようになり、後に三大権現と称して支那三郷の総祭が当社で斎行され、明治初年に三大神社と改称した。境内には正応4年（1291）の刻銘を持つ石灯籠があり、重要文化財に指定されている。

志那三郷の藤　三大神社には、樹齢400年ともいわれる古藤が祭りのころには満開を迎える。近くの惣社神社、志那神社にも見事な藤があり、多くの人でにぎわう。三大神社の藤は、滋賀県指定自然記念物、草津市指定天然記念物で、穂が地面に擦るほど長くなることから、「砂ずりの藤」といわれている。

比叡山を望む三大神社御旅所

重要文化財の石灯籠

志那中のサンヤレ踊り

- 開催日　5月3日
- 開催地　惣社神社ほか　草津市志那中町238
- アクセス　JR草津駅から近江バス琵琶湖博物館行　穴村下車

志那中のサンヤレ踊りは、5月3日、惣社神社の祭りで踊られる。

草津市志那中は、志那三郷の一村で琵琶湖を西にのぞむ田園地帯の集落である。

祭り当日、自治会館で一踊りし、惣社神社から神輿の渡御と一緒に行者堂、御旅所、惣社神社へと巡行し踊りを奉納していく。

踊りは、太鼓打ち、太鼓受け、鼓、笛、鉦、音頭取りで編成され、金棒引きや鎧に身を包んだ甲冑などとともに巡行する。かつてはスッコ（羯鼓）やササラもあったと伝わる。

志那中のサンヤレ踊りは、本踊り、空踊り、行列と呼ばれる3種があり、神前のみ空踊りが奉納され、見物人から「所望」の声がかかると早いテンポの本踊りが踊られる。

（草津市提供）

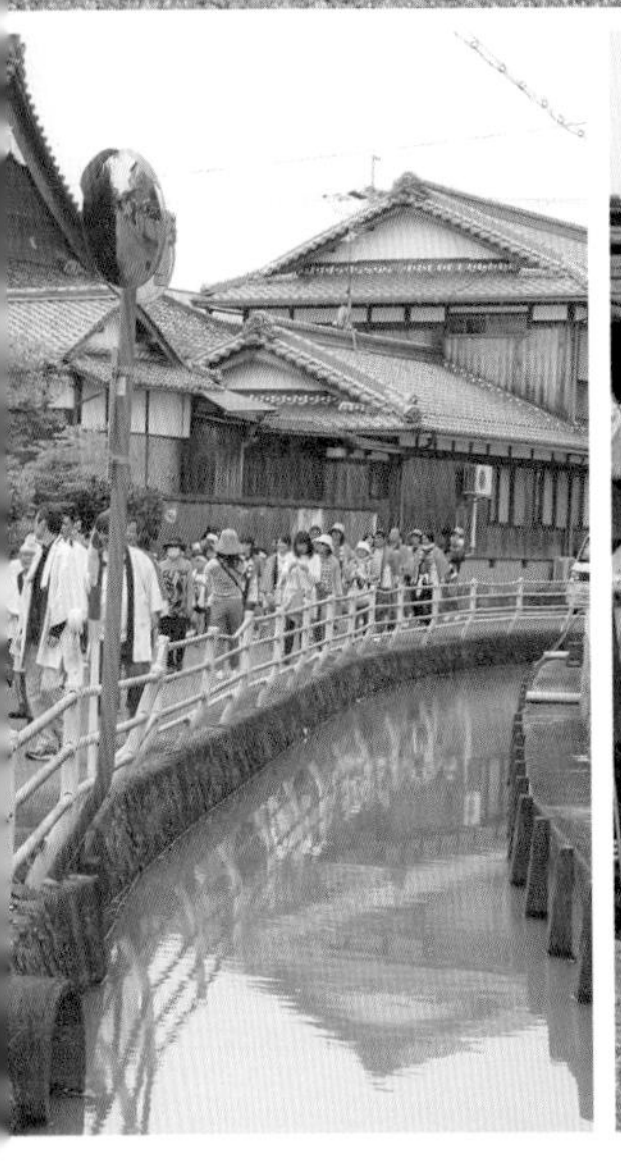

【惣社神社】

創祀年代不詳、社記に天智天皇4年右大臣中臣金連勅を奉じて風神を鎮祭し意布伎神と尊崇したことに始まり、志那三郷の惣氏神である。また北志那大般若寺の鎮守の神として崇められ、同寺の文書等では延喜式内栗太郡八座の一意布岐神社だとされる。

（このページの写真すべて草津市提供）

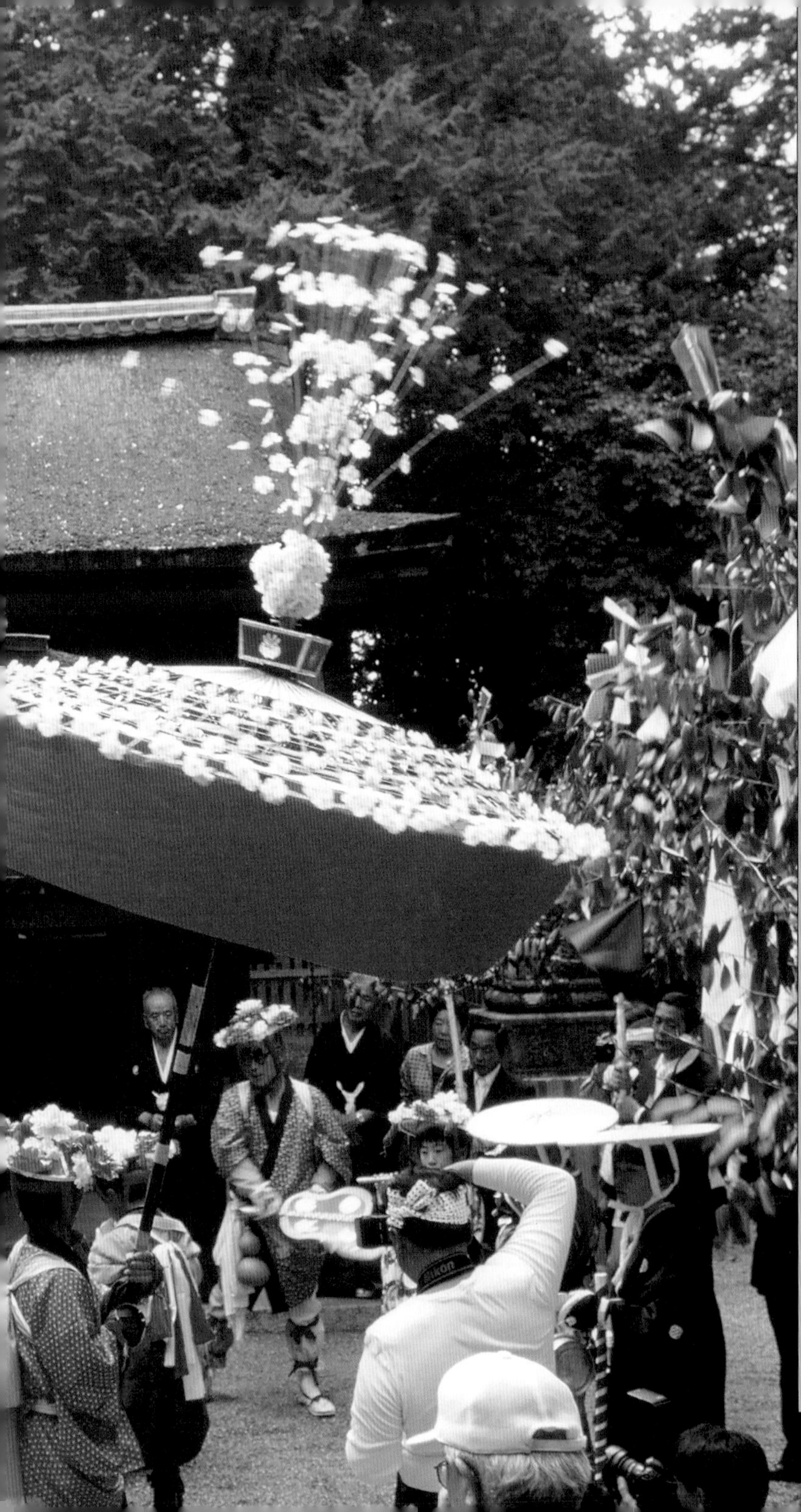

小杖祭り

●開催日　5月5日
●開催地　小槻大社　栗東市下戸山
●アクセス　JR草津駅から湖南帝産バス山寺行　山寺バス停より徒歩5分

栗東市下戸山に鎮座する小槻（おつき）大社の春の大祭が5月5日に行われる小杖祭りである。

小杖祭りでは草津市山寺、栗東市岡、目川、坊袋、川辺の各地区が干支の順に祭りの当番を務め、踊りを奉納する。

当日は、各地区の会館で準備を整え、一踊りした後、各所で踊りを奉納しつつ、小槻大社へと向かう。神社に到着すると、神前で踊りを奉納し、神輿の渡御とともに御旅所へと巡行する。

踊りは、「花笠踊り」と呼ばれ、太鼓打ち、太鼓受けを中心に笛、鉦、音頭取りからなり、各地区の踊りには個性がある。一行には笠鉾があり、短冊を吊り下げた榊を持った人たちが踊り役を取り囲んで巡行する。

（栗東歴史民俗博物館提供）

神事元を先頭に小槻大社への社参（岡）

【小槻大社】 神社一帯が4～5世紀くらいの古墳の中に建立されおり、古代豪族小槻氏の先祖を祀る。本殿には小槻氏先祖の落別命と大国主命を祀るが、ともに平安時代中頃の御神像で重要文化財。

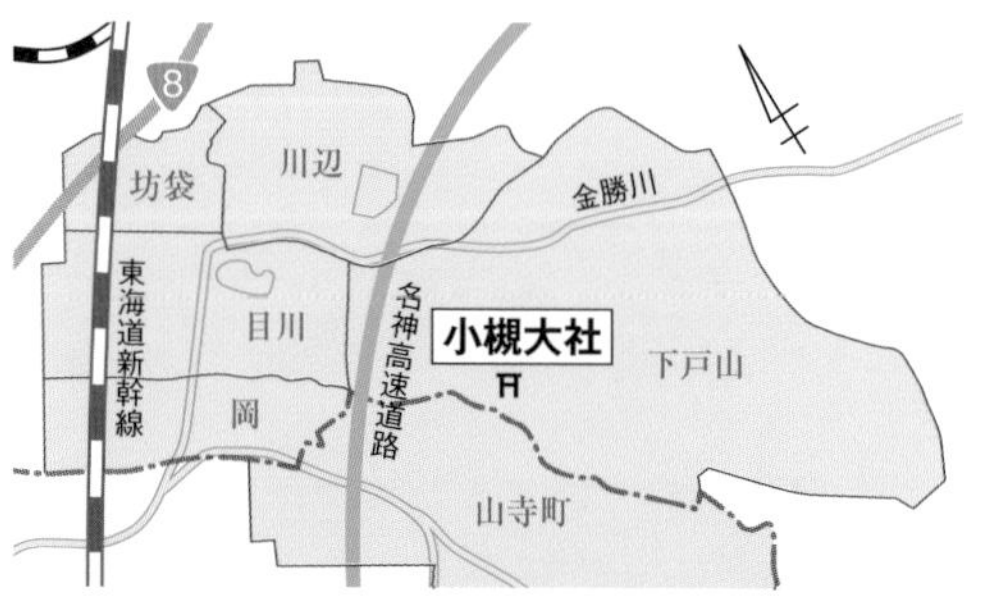

開催年	集落名
子	山寺（草津市）
丑	坊袋（ぼうぶくろ）
寅	岡
卯	川辺（かわづら）
辰	目川
巳	岡

開催年	集落名
午	山寺
未	坊袋
申	川辺
酉	山寺
戌	目川
亥	岡

参道を進む神輿

小杖祭りの神饌

祭礼当日は午前中に、決められた年番によって祭礼を主導する神事元の家で宮司によってつくられる。

ご飯を盛り上げてスゲの葉を2段に巻き付けた大小2組の「ミゴク」は、ウツギの箸を添えて小槻大社本殿とお旅所に供えられる。御旅所でも神饌が供えられえており、ミゴクのほか、とりわけキンカンは必ずいただくものとされている。（「まつり　祭り　祭礼」（栗東歴史民俗資料館）より）

供えられたミゴク

早朝より大小二組の「ミゴク」を作る宮司
（上下とも栗東市歴史民俗博物館提供）

左から3歳未満のボウフリ、8歳未満のタイツリ、6歳未満のツチという三役を務めるこどもたち、それぞれ3歩進み出て、持っているツチなどを三度振り、3歩でもどる

踊りでは、音頭取りが正面に立ち、歌を歌うだけでなく、軍配を持って拍子を取り踊りの指揮役となる。最初に、着飾った年少者の棒振り、槌振り、鯛釣りが順に進み出て所作を行う。その際、周囲の大人が「ひとつ、ふたつ、みっつ」と声援を送る。子役が終わると、太鼓打ちと太鼓受けが進み出て鉦の音を合図に笠鉾と榊が「よい」のかけ声とともに踊りが始まる。

太鼓打ち、太鼓受けは、花笠を被り、鮮やかな着物に襷掛け、裁付袴という華やかな衣装で、鉦、笛、音頭にあわせ太鼓を打って踊る。

【棒振り】両端に幣飾りを付けた棒を持ち、歩みを進め、棒を回す。
【鯛釣り】竿を肩に掛け、釣り糸の先に付いた造り物の鯛の尾を持ち、歩みを進める。竿を手に持ち鯛を投げだし捕まえる所作を三度繰り返す。鯛を釣る恵比寿の役。
【槌振り】槌を肩に掛け、歩み進め、三度振り下ろす大黒の役。

フエフキの女児とタイツリ役の男児（目川）

笛は、男役と女装役にわかれ衣装が異なることも注目である（目川）

小杖祭りの花笠踊りは、造花で飾られた笠鉾や榊を持った人たちが踊りを囃しながら巡行する。また、棒振り、槌振り、鯛釣りといった仮装が登場するなど風流囃子物の流れを受け継ぐ祭礼芸能として注目される。

渡御の一行

春照の太鼓踊り（米原市）

近江の太鼓踊り

太鼓踊りは、音頭や鉦、笛、ほら貝などとともに、踊り手が胸部の前にくくりつけた太鼓を打ち鳴らしながら舞う風流踊で、関西を中心に全国各地に分布している。

近江では、江戸時代以降２００以上の地域で太鼓踊りが踊られたとされ、地域での呼称も豊年踊り、太鼓打ち、カンコ踊り、花笠踊り、小踊り、鼓踊りなど様々である。踊りは趣向を競う風流を眼目としていたため、踊り手の人数や所作、衣装、楽曲などは地域によりさまざま特徴がある。こうした特徴などから近江の太鼓踊りは、６つのグループに大別される。また、近江の太鼓踊りの多くは、雨乞いの儀式に由来するとされる。現在のように灌漑施設が整備される以前は、日照りが続くとたちまち水不足となり、神仏に降雨を願う雨乞いが行われた。雨乞いにはいくつかの段階があり、神社に籠ってお祈りをする、山の上で火を焚く、水神が住む池を汚して神を怒らせて雨を降らせようとするなど、事態の深刻さが増すごとに、その内容を変えていたとされる。それでも雨が降らず困り果てた際に太鼓踊りが踊られた。

太鼓踊りは、拍子に合わせて足を踏み出し、手にしたバチで太鼓の胴や縁を打ち鳴らしながら、隊列を組んだり輪になったりして踊り、大地を揺らすような太鼓の響きを天の神仏に届ける必要があった。村人たちは一糸乱れ

金居原の太鼓踊り（長浜市）

ず踊ることが求められ必死に稽古を行い、踊りを奉納した。

願いが叶い慈雨がもたらされ豊作となると、人々は感謝を込め盛大に御礼の太鼓踊りが奉納された。今我々が見ている華やかな衣装や花笠などで着飾って踊られているのは、この返礼の踊りが継承されているからである。

近江の太鼓踊りのその華やかさの影には、長年にわたって水不足に悩まされ続けてきた人々の、慈雨と豊作を願う深い祈りがこめられている。

（矢田直樹）

朝日の豊年太鼓踊り（米原市）

北落のおはな踊り(甲良町)

八日市の太鼓踊り(長浜市)

集福寺のチャンチャコ踊り（長浜市）

古高の鼓踊り（守山市）

油日(あぶらひ)の太鼓踊り(甲賀市)

山女原(あけんばら)の太鼓踊り(甲賀市、写真:矢田直樹)

黒川の花笠太鼓踊り（甲賀市）

もうひとつ近江のユネスコ無形文化遺産

長浜曳山祭り

祭りの主役、歌舞伎を演じる男児

◆見どころは子ども歌舞伎

長浜曳山祭りは、4月13日から16日を中心に行われる長濱八幡宮の春の祭礼行事である。絢爛豪華な山車（近江では「曳山」と称する）が地域を巡行し、その曳山の上で子どもたちが演じる歌舞伎が祭りの最大の見所である。毎年4基の曳山が出場し、それぞれの演目を楽しむことができる。

長浜曳山祭りは昭和54年（1979）に「長浜曳山祭の曳山行事」として国の重要無形民俗文化財に指定され、平成28年（2016）11月30日に、ユネスコ無形文化遺産「山・鉾・屋台行事」全国33件の一つとして登録されている。

◆豪華な曳山

長浜曳山祭りは、羽柴（豊臣）秀吉が長浜城主の時に男子が生まれたことを祝い、城下の町民に砂金を与え、これをもとに各町が曳山を建造し始まったと伝えられている。秀吉と曳山の建造を結びつけて

5歳から12歳までの男児による子ども歌舞伎の可憐さに大きな拍手が起こる

語る伝承は事実かどうか定かではないが、江戸時代の段階ですでにこの伝承が語られている。長浜の町が縮緬を中心とする繊維産業を核に在郷町としての発展をとげていくなかで、町人たちが蓄えた資財は、文化や芸術へと向けられ、歌舞伎に代表される曳山の祭りにも惜しみなく注がれた。秀吉のまちづくりこそが長浜の繁栄の原点であると意識されてきた証であろう。

長浜には曳山が13基あり、長刀山と呼ばれる1基は、飾り山形式の曳山で、毎年、御旅所に巡行する。12基の曳山は、子ども歌舞伎を行う芸屋台形式の曳山で、土台となる下山に車輪が4輪あり、歌舞伎を上演する舞台とその奥に太夫や三味線が演じる楽屋によって主体部分が構成され、その上の2階部分に囃子方が乗り込む亭が載る構造となっている。

曳山は18世紀中期以降に順次建造され、地元の大工、藤岡和泉などの名工があたった。浜壇と称される当地の仏壇製造で培われた技術が注ぎ込まれており、本体木部や屋根は漆塗り、舞台の周囲を囲う勾欄や柱には飾り金具が取り付けられており、楽屋の襖には絵画、さらに周囲には胴幕や見送り幕を掛けて装飾する。曳山はさまざまな工芸技術が注ぎ込まれた総合芸術の結晶であり、動く美術品と言われるような曳山を見ることも祭りの見どころの一つである。

◆祭り

曳山を所有するのは山組と呼ばれる町内の自治組織である。各山組には、中老や若衆という年齢組織があり、これらが祭りに関する各種の役割を分担しつつ運営がなされている。

子ども歌舞伎の執行は、若衆が中心となって担い、役者の依頼や外題の決定、稽古のお世話など本番に向けた準備が年明けから本格的に進められていく。子ども役者は、6歳から12歳ごろまでの男子が務め、春休みになると振り付けを行う指導者のもとで本格的な稽古に励む。長浜では囃子のことを「しゃぎり」と呼び、曳山の移動や歌舞伎の執行にしゃぎりを欠かすことはできない。山に乗ることができるのは男子のみだがしゃぎりによる女子の参加により地域の一体感を作り出し、祭り全体を盛り上げている。

子ども役者は、若衆に支えられながら、役者同士協力をして舞台を仕上げてゆき、4月9日の線香番で稽古の成果が一般の人に披露される。若衆はその夜から4日間、八幡宮などへの裸参りが行われる。

13日夕刻から自町で、衣装を着けて曳山上での歌舞伎が始まる。14日には曳山を曳いて社参する登り山、役者が衣装を着けてパレードする夕渡りが行われる。15日は朝から長刀組の太刀渡りが行われ、一番山から順に歌舞伎が神前奉納される。各山の歌舞伎上演が終わると順に曳山は御旅所へと向かう。巡行の途中でも歌舞伎が上演され、御旅所で演じられる頃には日も暮れている。16日は後宴狂言として千秋楽を迎える。17日は御幣返しが行われ長く短い祭りが終わりを告げる。

◆祭りの継承

町衆によって始められた祭りであるが、時代の変化の中で地域の産業構造の変化や市街地の空洞化によって担い手の減少など継承の課題がある。長浜では、子ども歌舞伎を演出する三役を養成する取組みが成果を上げている。三役とは、振り付け、語り手の太夫、三味線奏者のことをいう。平成2年から三役修業塾という養成講座を開講し、地元の塾生が太夫と三味線として祭りに出演するまで育っている。現在もこの講座は継続しており、最も難しい振り付けも育ちつつある。

平成11年には曳山祭の保存継承の拠点となる長浜市曳山博物館が開館した。館には曳山展示だけではなく、曳山修理を行うことができる修理ドックを備え、大規模修理にも対応できるようになっている。修理にあたっては、文化財の各分野の学識者で構成される長浜曳山祭行事・曳山保存専門委員会が設置されており、適切に保存修理ができるよう指導が行われている。

◆無形文化遺産の意義

無形文化遺産は、祭礼行事のように形のない伝承が評価されているのであるが、実際は、道具類や舞台など有形の文化遺産を使用しつつ継承がなされている。山・鉾・屋台行事はまさにそうした代表例であり、有形、無形の文化遺産が相互に整って初めて適切に継承されるものである。祭りを担う人・技・物が総合的に保護されることが文化遺産の継承には不可欠である。

八幡宮に勢ぞろいした曳山

近江のケンケト祭り長刀振り
杉之木神社

近江のケンケト祭り長刀振り（重要無形民俗文化財）

瀧樹神社のケンケト踊り

　近江のケンケト祭り長刀振りは、少年たちによる楽器を奏しながらの踊りと、棒振りや長刀踊りという芸能から構成されている。踊り子の趣向を凝らした出で立ちや、太鼓や鞨鼓、ササラなど、打楽器中心の楽器編成、はっきりとしたリズムと所作での踊り、囃子詞や短い歌謡等の内容から、中世後期に登場する風流囃子物という祭礼芸能の姿を窺わせる貴重な民俗芸能である。

　滋賀県南西部、湖南・湖東地域には、風流囃子物の様式を持つ芸能が広く分布している。それらのなかで本件は、多くがケンケト祭りと称する春の祭礼と結びついて伝承され、棒振りや長刀踊りを伴う内容となっている。「花」や「鷺」と呼ぶ鉾が出るなどの特色も有し、「花奪い」やイナブロの奪い合い、最後に鷺鉾を壊すといった習俗も伝え、風流囃子物の疫神祓いの性格を窺わせる。

　近江のケンケト祭り長刀振りは、滋賀県守山市、甲賀市、東近江市、蒲生郡竜王町に伝承される祭礼芸能である。守山市杉江町の小津神社、同市幸津川町の下新川神社、甲賀市土山町の瀧樹神社、東近江市蒲生岡本町の高木神社、同市宮川町の八坂神社、蒲生郡竜王町の杉之木神社の春祭りに行われている。楽器を奏でながらの踊り、棒振りや長刀踊りが少年たちによって演じられ、また神幸行列（神輿や傘鉾、少年たちによる踊り、棒振りや長刀踊りなどで構成される）に、「花」や「鷺」と呼ぶ鉾が付随するといった特色も見られ

山之上のケンケト踊り

る。ケンケトという名は、各地に諸説伝わっているが、子どもたちが打つ鉦の口唱歌に由来すると考えられている。

　滋賀県南西部には独特の囃子詞を有し、美しく装った子どもたちが、太鼓や鞨鼓、ササラなどの楽器を奏しつつ踊る芸能が広く分布しており、本件はその一つである。これらは、近世初期に京都で流行した芸能がほどなく流入し、地域の祭礼芸能として受け継がれてきたと考えられる。

　小津神社の氏子である杉江地区が当番を務めた年の祭礼役者付は、天明5年（1785）から大正4年（1915）の間の記録であるが、それを見ると当時の楽器編成や踊りの構

下新川神社のカンコの舞

小津神社の花笠踊り　赤野井西別院

成がわかる。天保5年（1834）には、長刀25人の中に「ぼうふり」4人の名がみえ、長刀踊りの先頭に棒振りがいたことが記されている。そのほか、近世の写しとされる「近江国甲賀郡岩室郷瀧樹神社御祭礼記録」によれば、瀧樹神社祭礼で延徳元年（1489）に踊りを初めて行うとあり、続けて棒振りともいう踊り子の扮装や使用楽器、「ケンケトケンケン」という囃子詞が記されている。踊りの始まりが延徳元年とする根拠はないが、記述された芸態は現在に通ずる内容となっている。

各地区のケンケト祭りにおける芸能内容は必ずしも同じではないが、いくつかの共通の特色がみられる。

ケンケト祭りには、楽器を奏しながらの踊りと長刀踊りあるいは棒振りという芸能が付随している。いずれも少年を主体とし、これらの担い手は「踊り子」と称される。楽器編成は鉦、ササラ、スッコあるいはシッコロコと呼ぶ鞨鼓、太鼓、小鼓等で、少年たちがシンプルなリズムを合奏しながら踊る。囃子詞を伴い、また短い詞章の歌が入るところもある。長刀踊りは、長刀を手に持った演じ手が、縦一列に並び、鉦や太鼓の囃子に合わせて長刀を振りながら前進したり、踊り手が一人ずつ、長刀を頭上で回す、両手で持った長刀の上を飛び越える、放り上げて受け取るといった演技を披露したりするものである。前者はいわば総振りで、神社の鳥居から社殿へ向かう参道などで振る場合が多く、この所作は、「振り込み」や「ワタリ」などといわれ、後者は、年長者がみせる個人技であり、「アトブリ」や「シマイ振り」などといわれる。長刀振りは祭礼の中で露払いの役割を果たすものである。また、踊り子たちは、例えば山鳥の羽根を付けた冠や花笠を被ったり、振り袖を着たり、色とりどりの横縞模様で裾に沢山の鈴が付いたアミというものを腰に巻いたりして華やかに美しく装う。

少年たちによる踊りや長刀振りは、

小津神社の長刀踊り　杉江から赤野井へ

上麻生の帯掛け祭り（写真：中島誠一）

神輿や傘鉾の巡行と共に地区を巡り、神社境内や御旅所へと練り込み、各所で披露される。この神幸行列に付随する「花」と呼ぶ鉾も特色の一つである。土山町では、竹棹の先に青竹で四角い枠を付け、そこに赤い花（造花）や各家から奉納された手拭いなどを挿した「花蓋」と呼ぶ鉾を作る。参詣者が花や手拭などを奪い合う「花奪い」も行われ、花を持ち帰って火難除けとして荒神さんへ供えるという。竜王町山之上では「花」ではなく、疫神の依り代である「鷺」の鉾が出る。鷺鉾は、棹の先に紙製の鷺の作り物が据えられたもので、鷺の下には円形の台があり、そのまわりに五色の紙シデを無数に垂らした形状である。鷺鉾そのもの、あるいは五色のシデ飾りを「イナブロ」と呼び、シデ飾りは虫除け、火難除けになるといって、人々は鷺を倒して奪いあい、持ち帰って箪笥に入れておくという。鷺鉾は後に地面に倒され、わざと壊すかのように縄で曳き回され、祭りの終わりに鷺の毛をむしるのだといって破却される。

このような特色から、近江のケンケト祭り長刀振りは、中世後期にみられる祭礼芸能の姿を今にうかがわせる貴重な伝承であり、芸能の変遷の過程を示し、また地域的特色も顕著であると評価され、国の重要無形民俗文化財に指定されている。（吉田純子）

小津神社の長刀踊り

- 開催日　5月5日
- 開催地　小津神社　守山市杉江町495
- アクセス　JR守山駅から近江バス杉江循環線　杉江下車

小津神社拝殿前

郵便はがき

お手数ながら切手をお貼り下さい

522-0004

滋賀県彦根市鳥居本町655-1

サンライズ出版 行

〒

■ご住所

■お名前（ふりがな） ■年齢　　歳　男・女

■お電話 ■ご職業

■自費出版資料を　希望する・希望しない

■図書目録の送付を　希望する・希望しない

サンライズ出版では、お客様のご了解を得た上で、ご記入いただいた個人情報を、今後の出版企画の参考にさせていただくとともに、愛読者名簿に登録させていただいております。名簿は、当社の刊行物、企画、催しなどのご案内のために利用し、その他の目的では一切利用いたしません（上記業務の一部を外部に委託する場合があります）。

【個人情報の取り扱いおよび開示等に関するお問い合わせ先】
サンライズ出版 編集部　TEL.0749-22-0627

■愛読者名簿に登録してよろしいですか。　□はい　□いいえ

ご記入がないものは「いいえ」として扱わせていただきます。

愛読者カード

ご購読ありがとうございました。今後の出版企画の参考にさせていただきますので、ぜひご意見をお聞かせください。なお、お答えいただきましたデータは出版企画の資料以外には使用いたしません。

●書名

●お買い求めの書店名（所在地）

●本書をお求めになった動機に○印をお付けください。

1．書店でみて　2．広告をみて（新聞・雑誌名　　　　）
3．書評をみて（新聞・雑誌名　　　　）
4．新刊案内をみて　5．当社ホームページをみて
6．その他（　　　　）

●本書についてのご意見・ご感想

購入申込書

小社へ直接ご注文の際ご利用ください。
お買上 2,000 円以上は送料無料です。

書名	（　　冊）
書名	（　　冊）
書名	（　　冊）

守山市杉江に鎮座する小津神社の春の大祭は5月5日に行われる。

小津神社は、現在、守山市杉江、赤野井、矢島、石田、十二里、金森、三宅、大林、欲賀、森川原、山賀の11の地区の氏神である。

各地区が干支により輪番で祭りを担当し、8年に一度、神輿舁き番と渡し番を務める。

杉江、赤野井、矢島、三宅、山賀の各地区がこの渡し番の年に長刀振りが奉納され、近年は石田・十二里も長刀振りを行っている。

広域にひろがる地区が、干支により神輿舁き番と渡し番という役を務めること、その当番を「差定（さじょう）」により決定するというしきたりが今も受け継がれていることは注目される。

また、各地区によって踊りの衣装や踊りの音頭や踊り方などさまざまな個性があり、地域の歴史文化を物語るうえでも重要である。

【小津神社】

西暦160年（紀元820年）倭建命の子孫小津の君が部民を率いて水郷近江の国杉江の地に農耕を始めた。その功績を称え西暦441年に五穀豊穣の神宇迦乃御魂之命を小津宮・玉津宮として祭ったことがはじまり。

赤野井お旅所から小津若宮神社へ

祭りに先立ち小津神社から毎年3月21日にその年の渡し番の地区に対して「差定（さとうじょう）」、神輿舁き番の地区には「差当定」という通知書が出され、これを受けて各地区では祭りの準備が進められる。

踊りは、長刀を手にした長刀振りと太鼓や鉦（しょう）、音頭などの囃子に合わせて踊る田楽踊り（でんがくおどり）（サンヤレ踊り）からなる。

行列は金棒を先頭に、長刀振りの小さな子どもから大人までが「よーほい」のかけ声に合わせ長刀を振りながら進む。その後に、鉦、ササラ、鞨鼓、笛、摺鉦、鼓、太鼓打ち、太鼓受け、音頭の田楽踊りの一団が続く。

踊りの一行が小津神社の神前に来ると、長刀振り一人ずつが演技を披露し、太鼓打ちを中心としたサンヤレ踊りを踊る。

渡し番	神輿番
赤野井	矢島
矢島	石田・十二里
石田・十二里	赤野井
金森	欲賀・森川原・大林
三宅	山賀・杉江
欲賀・森川原・大林	三宅・金森
山賀	玉津青年会
杉江	小津青年会

小津神社

鉾が先頭を進む　小津若宮神社本殿前

水郷の地、杉江町における往復行幸で祭りはクライマックスに達する。

小津神社から神輿が赤野井の若宮神社に渡御するのにあわせ、行列して赤野井に向かい若宮神社に練り込みを行う。
赤野井の馬場では桟敷席が設けられており、長刀を回しながら上空に放り上げて受け取るなどのさまざまな曲振りを披露する。

神輿の還御

下新川神社のカンコの舞・長刀振り

- 開催日　5月5日
- 開催地　下新川神社　守山市幸津川町1356
- アクセス　JR守山駅から近江バス小浜線 下新川神社下車

守山市幸津川の下新川神社の春祭りはすし切り祭りとして有名で、カンコの舞と長刀振りが踊られる。

野洲川と琵琶湖に面した平野に位置する幸津川は、六つの組の輪番で祭りが運営されている。

祭礼当日、神前で鮒ずしを古式に則って切り分ける儀式が、多くの観衆が見つめるなか執り行われ、その緊張感が解けると、カンコの舞と長刀振りの踊りが奉納される。

カンコの舞は、雌雄の獅子の求愛の様子を踊りで表現していると言われるように、シャグマを頭に被り、雄が角と白髭の赤い鬼面、雌が髭のない面を額に付け、白地に紺色の縄目の着物に襷掛け、たちつけ袴、尻当て、手甲脚絆を着けて踊る。

その周囲を鉦、摺鉦、小型の鋲打ち太鼓を首から下げたシッコロ、花笠を被ったササラ、鋲打ち太鼓を打つ太鼓打ち、音頭取りが取り囲み、「サンヤレ、サンヤレ」と囃子歌を歌う。

長刀振りは、子どもの役で、紺の着物に襷掛け、各組の紋が刺繍された化粧まわしを着け、長刀を振る。

神前での奉納が終わると一同出発し、集落内の辻々で踊りを披露しながら、大水口神社へと巡行する。

【下新川神社】
元正天皇霊亀2年開拓の祖神、野洲川の司水神として崇敬されたと伝える。小槗姫命とともに社殿を建立して今日に至った。祭神の豊城入彦命に鮒ずしを献上したところ、たいそう喜ばれ、この地を幸津川と命された。このことがすし切り神事の起源とされている。

宵宮では若衆が太鼓を担いで組長や新婚の家々を回る太鼓練りが夜通し行われる。

すしきり神事は、コモが敷かれた神事場に拝殿を背にして神職と自治会長が座る。当番組の青年2名が裃を着け、神前で包丁とまな箸を用い、まな板の上に置かれた鮒ずしを切り分けていく。すしきり役の二人は、身体の動きを合わ

拝殿前で神事を行うのは長男に限られ、汗だくで真剣に取り組む

せつつ、後方に反らし、大きく振りかぶって鮒ずしを切る。
切った鮒ずしは、下新川神社と大水口神社の境内に竹を組んで作られた祭壇に供えられるとともに、神職や自治会長、神輿舁きの肴として供される。

「板なおし」と呼ばれる経験者（写真左）の介添えで進行する

カンコの舞は町内各所で披露される

背中に各組の紋をつけた法被を着用し、長刀踊りを行うこどもたち

長刀振りは、刃の付け根と石突き付近に五色の紙房が付いた長刀を持ち踊る。

かつては長刀を両手で持って地面と水平に長刀を回して飛び越える、長刀を背中で回すなどの曲振りを行っていた。

近年、この長刀振りを復興させようと子ども達を集めての稽古が続けられ、祭りで披露されている。

下新川神社のカンコの舞・長刀振り

瀧樹（たぎ）神社のケンケト祭り

- **開催日**　5月3日
- **開催地**　瀧樹神社　甲賀市土山町前野155
- **アクセス**　JR貴生川駅からハローバス 東前野下車

甲賀市土山町、瀧樹神社の5月3日の春祭りにおいてケンケト踊りが奉納される。

瀧樹神社は甲賀市土山町前野（まえの）に鎮座する郷社で、旧東海道の街道筋と野洲川にはさまれた場所に位置する。

甲賀町岩室（いわむろ）、土山町前野、徳原（とくはら）が輪番で踊りを奉納する。

ケンケト踊りは、棒振り、鉦、幣カギ、小太鼓、ササラという踊り子とオオモンと呼ばれる太鼓と鉦の囃子方で構成される。

踊り子は小学生の役で、オオモンは大人が務める。

踊り子で最も目を引くのは、

シャガマと呼ばれる頭に着けたかぶり物である。クジャクやキジ、ヤナドリなど鳥の羽が付いた冠になっており、黄色と紫色の布で頭に巻き付け後ろに長く垂らす。さらに、黒紋付に黄色の襷掛け、裁付け袴、着物の袖口などには鈴が付けられた衣装で、異国情緒が漂う独特の雰囲気がある。

土山町は茶所として知られ、瀧樹神社周辺には美しい茶畑がひろがっている。

巡行中、踊り子は、地面を歩かず、大人の肩車によって神社に向かう。

祭りの一行が茶畑のなかを進む景色はこの地以外にはなく唯一無二である。

各地区からは奉納される多数の花蓋（はながさ）が地安寺（ちあんじ）に集まってくる。

【瀧樹神社】
東海道土山宿を離れ野洲川沿いの瀧樹神社は、平安時代の仁和元年（885）に伊勢国、瀧原宮の長由介の宮の御祭神、速秋津比古之命の御分霊を勧請して本社の主祭神としている。室町時代の文明2年（1470）には、当時の領主であった岩室主馬頭家俊が京都北野天満宮の御祭神で学問の神と云われている菅原道真の御分霊を勧請しそれを本社に遷宮され、並宮として祭祀されている。平成17年（2005）に本殿・拝殿が大改修新築された。

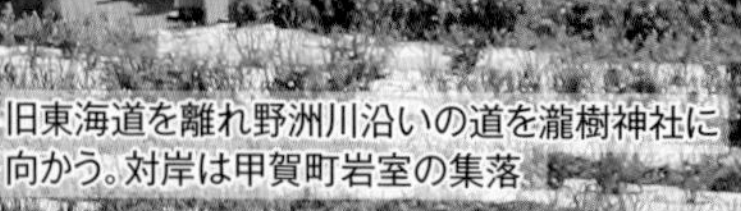

旧東海道を離れ野洲川沿いの道を瀧樹神社に向かう。対岸は甲賀町岩室の集落

踊り子の一行が神社に到着すると、棒振りを先頭に「馬場踊り」で参道に練り込んでくる。踊り子が肩車され石段の上にならぶと、ハナバイ(花奪い)が始まる。

花を持ち帰ると厄除けなど御利益があるとされ、赤い紙などで作られた造花と奉納品で飾られた花蓋を目指し、警護をかいくぐって観客が激しく花を取り合う。

ハナバイが終わると、踊り子は、神社本殿の周囲を「馬場踊り」を踊りつつ回り、神前で「宮踊り」を奉納する。

その後、神輿の渡御とともに神社境内、御旅所などで踊り、各集落へ戻り各所で踊る。

瀧樹神社

山之上のケンケト祭り

竜王町山之上のケンケト祭りは、5月3日、隣接する東近江市宮川町と合同で行われる。

竜王町山之上は、丘陵部から平野に位置する地域で、稲作に加え近年は果樹栽培などが盛んな地域である。

大きく東西からなる山之上の集落は、各地区が集まり、総鎮守である杉之木神社に長刀振りが練り込んでくる。

踊りは、色鮮やかな衣装に着飾った青少年による長刀を持った振子を先頭に、太

●開催日　5月3日
●開催地　杉之木神社　蒲生郡竜王町山之上3560
●アクセス　JR近江八幡駅からダイハツ工業行バス アグリパーク竜王下車徒歩10分

鼓打ち、鉦打ち、オード（大鼓）が隊列を組んで巡行し、大きな鉾を支えるカワチャ3名が行列の最後尾につく。
大きな鉾の上には鳥のサギの造り物があり、イナブロという無数の色紙が垂れている。イナブロは、厄除けや箪笥に入れると虫除けになるとされ、この鉾を倒しイナブロを奪おうとする見物人とこれを護る警護役とのやりとりが祭りの見せ場の一つとなっている。

八坂神社御旅所でシマイ振りを行う山之上のフリコ

鳴り物が止まり、長刀の曲芸が始まると境内は大いに盛り上がる

【杉之木神社】

杉之木神社は天照大神を祭神とし、古くは山上天王と称した。牛頭天皇（素盞鳥尊）、稲田比賣神、八王子神の三柱を分祀。建保2年（1214）社殿を造営したが、その後炎上、応永13年（1406）社殿を造営し、その右側に八幡神社（祭神譽田別尊）左側に春日神社（祭神天兒屋根尊）がある。

長刀を持った振子は、11歳から20歳までの男子で構成され、家紋を縫い取った赤い鉢巻、友禅の襦袢、肩には緋籠手、腰にアミ、足には脚絆を巻く。アミは、色とりどりの毛糸を横縞に編んだスカート状の衣装で、裾には小さな鈴がつけられ、振子の動作で軽やかに鈴が鳴る。

巡行中、サギが倒れると鉦が連打され、振子は、踊りをやめ、サギの周囲に集まり、イナブロの警護にあたる。

振子の最高齢者をアトブリと称し、鉦打ちとオードと共にアガリ役として、行列の最後尾を飾る。

神前などの各所において、振子のシマイブリとアトブリは、曲振りを披露する。曲振りは、長刀を両手で持って飛び越えた

隊列を組むフリコの踊り（写真：矢田直樹）

り、長刀を背中で回したり、空高く放り上げ受け止めたりするもので、観衆も振子を囃したてて声援を送り、祭りが最も盛り上がる場面となる。

11歳の子がタイコウチ。タイコカキは父親が務める

鮮やかな衣装のフリコ

サギは、山之上が雌、宮川が雄とされ、それぞれの行列に付いて地域を巡行する。

山之上では、巡行を終えると最後に鉾が引き倒され、サギに付いた紙の飾りが引きちぎられ、長刀でサギの目を突いてすべてが終わる。

サギの鉾に疫神を囃し集め送ることで地域の安寧を祈った中世の風流囃子物の祭りの様子を今に伝える重要な祭りである。

イナブロを守るカワチャ

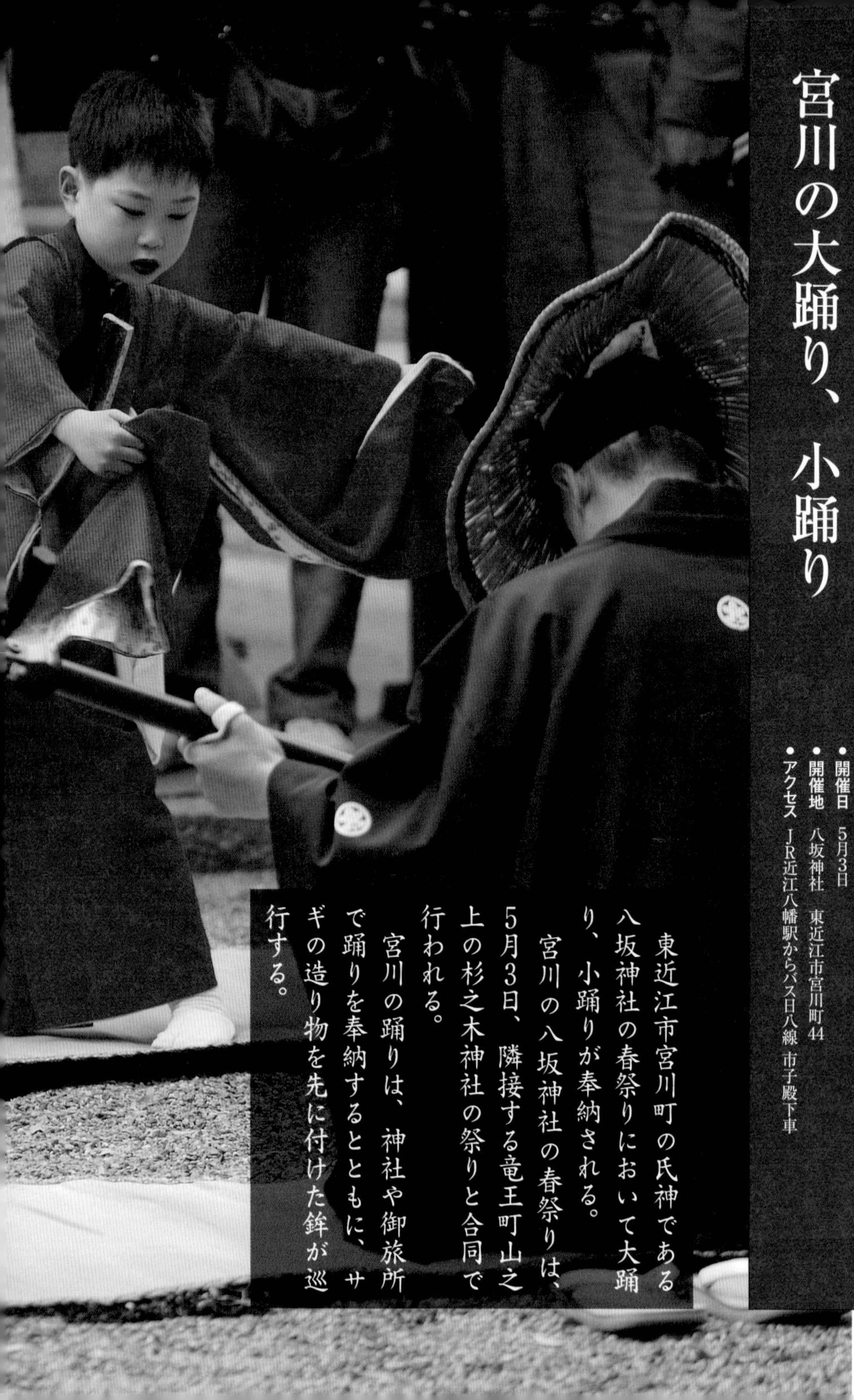

宮川の大踊り、小踊り

- **開催日**　5月3日
- **開催地**　八坂神社　東近江市宮川町44
- **アクセス**　JR近江八幡駅からバス日八線 市子殿下車

東近江市宮川町の氏神である八坂神社の春祭りにおいて大踊り、小踊りが奉納される。

宮川の八坂神社の春祭りは、5月3日、隣接する竜王町山之上の杉之木神社の祭りと合同で行われる。

宮川の踊りは、神社や御旅所で踊りを奉納するとともに、サギの造り物を先に付けた鉾が巡行する。

踊りには、大踊り、小踊りの2演目あり、囃子方として笛、鼓、太鼓、三味線の役がある。大踊りは、中学生、小踊りは小学生高学年が務める。

神前にゴザがひかれ、後方には囃子方が着座し、囃子方の演奏で始まる。小踊りの踊り子が神前に進み出て、手に持った桜の枝を振り、三味線と歌に合わせて踊る。続いて、大踊りの踊り子が入れ替わって入場し、菅笠を持って囃子方の歌に合わせ踊る。

囃子方の優美な音曲による踊り子の華やかさが際立つ。

化粧した少年が真っ赤な着物に桜の枝を手にして踊る小踊り

【八坂神社】
天暦元年忌部仲廣の勧請によるといわれている。宮川と山之上は古くは京都の祇園神社感神院の領地であった。維新後八坂神社と改称。現存する承応2年3月太田角兵衛の奉納の絵馬1面と棟札は文政12年社殿、天保8年拝殿建立のもの。

小踊りは、黒襟のついた赤い広袖の着物に、黒の帯と白いしごきを絡めて、前で大きく結び垂らす。手には造花の桜の枝を持つ。顔は白粉を塗って化粧する。

大踊りは、縞模様の着物の両裾をつまんで帯にはさんで着る。首に白い布を巻き前で結び、手ぬぐいを首にかける。手には菅笠を持つ。顔は白粉を塗って化粧する。

大踊りは菅笠・扇子・手拭を持って踊る

笛、鼓、太鼓に三味線を「三拍子」といい、囃子方を務める

杉之木神社での奉納踊りを終えた宮川の踊り子たち

祭りにはサギの造り物が付いた鉾が巡行する。山之上と同種の鉾で、宮川のサギは雄とされる。五色の紙のイナブロが垂れているが、宮川の鉾は観客によるイナブロを取りあう習俗はない。

八坂神社御旅所で山之上一行の到着を待つ三拍子

八坂神社御旅所で2つのイナブロが並ぶ

麻生のケンケト祭り（帯掛け祭り）

● 開催日　4月23日に近い日曜日
● 開催地とアクセス
高木神社　東近江市蒲生岡本町588　近江鉄道日野駅からバス日八線 蒲生岡本下車
山部神社　東近江市下麻生町214　近江鉄道日野駅からバス日八線 麻生口下車
旭野神社　東近江市上麻生町61　近江鉄道日野駅からバス日八線 ガリ版伝承館下車

カンカを奉納する「七人こども」。鉦をたたくオトナ、太鼓打ちのワキオトナとボウズ、花笠をかぶるササラ、太鼓持ちはタケノコと呼ばれる

東近江市、旧蒲生町の下麻生、上麻生、岡本の三つの地区が、かつての麻生庄の総鎮守とされる高木神社を中心に合同で祭りを行う。

この祭りは、女性の帯を用いて装飾した大きな太刀を指して巡行することから「帯掛け祭り」と呼ばれる。帯掛けは、下麻生、上麻生、岡本の幣村・今村・穂村の5組が、「渡し番」という年番制によって担当している。

帯掛けとは別に上麻生からは、ケンケトの長刀振り、カンカの踊り子、造花で飾った花蓋が奉納される。

継承がむずかしくなりつつある帯掛け祭りであるが、風流囃子物の変遷を知るうえで重要な祭りである。

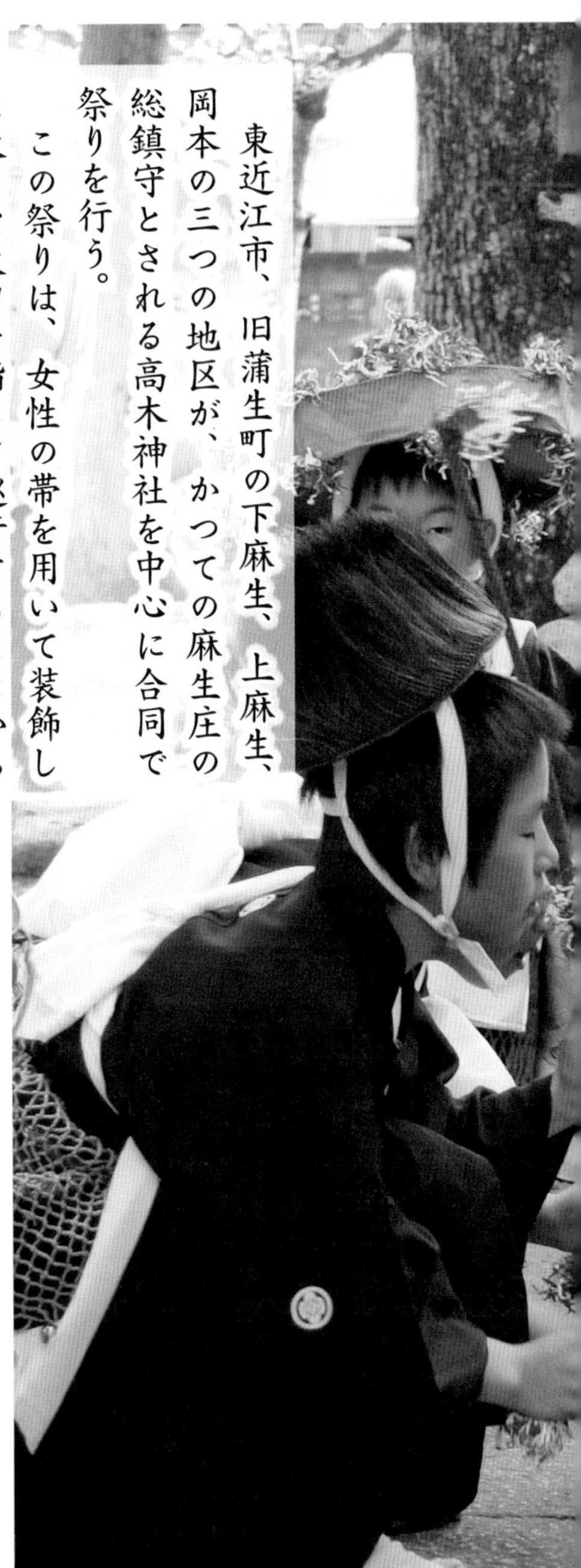

【旭野神社】
創祀年代不詳。日吉神領または延暦寺領の関係によって分祀され、古くは「十禅権現」と称したが、明治9年に旭野神社と改称。同年村社加列。

【山部神社】
山部神社は、万葉歌人として名高い山部赤人を祭神とし、明治9年（1876）に小松大明神から山部神社に改称された。本殿は一間社流造り桧皮葺で、室町時代末頃に建立されたとされる。

【高木神社】
創祀年代不詳。麻生荘（上麻生、下麻生、岡本、田井、大森）の総社であった。境内の日吉神社は建武5年足利尊氏が麻生荘を京都祇園神社の社領として分祀したものと伝えられている。

帯掛けは、大きな太刀の形をしたものに帯を掛けて飾ったものである。全長3・3メートルあり、鍔の部分に横木が渡されており、この横木と柄の部分に丸帯が吊されている。また柄の先端部には武者人形が飾られている。

ケンケトは青少年の役で、紺色の襦袢に、アミと呼ばれる緑色のスカート状の衣装を腰に巻く。裾には小さな鈴がつけられ、振子の動作で軽やかに鈴が鳴る。頭には鉢巻き、襷掛けで手甲脚絆を付ける。神前などの各所において、長刀を両手で持って飛び越えたり、長刀を背中で回したり、空高く放り上げ受け止めたりする曲振りを披露する。

カンカは「七人こども」とも称され子どもが務める。「オトナ」は、頭にシャガマ、小振りの父尉の面を顔の左側に付け鉦を打つ。「ワキオトナ」は、頭にシャガマをかぶり、締太鼓を打つ。「ボウズ」は、締太鼓を叩く。「タケノコの親」、「タケノコの子」は、頭に赤・白・青の細く切った紙でかざった円錐形の帽子をかぶり、鞨鼓を胸の前に吊す。「花笠の親」は円形平型、「花笠の子」は円形で頂がとがった花笠をかぶり、手にササラを持つ。

長さ3メートルの竹に麦わらを巻き紅白の造花をさした２本の花蓋は上麻生から出される

祭りでは、高木神社境内の馬場の両側に5組の宮座が幕を張ってシュウシを行う

上麻生で生まれ育った男児7人で構成される「七人こども」
※少子化で「七人こども」最後の年だったが、病欠で６人。

「七人こども」を卒業した若者のケンケト。高木神社拝殿を踊りながら回る

旭野神社での「七人こども」のカンカ

青·赤などのテープを巻いた長刀をもって演技をおこなうケンケト組

高木神社での神事を終えてお旅所、旭野神社、山部神社を渡御する

花奪い行事

瀧樹神社の花奪い（甲賀市）

甲賀市の瀧樹神社や東近江市蒲生の高木神社のケンケト祭りでは、手作りされた造花で飾り付けられた花蓋が踊り子と共に地域を巡行し奉納される。

瀧樹神社の祭りでは、この花蓋を見物人が激しく取り合う花奪い行事が見どころのひとつとなっている

このような花を取り合う行事は、7月頃、甲賀市や、隣接する伊賀市など各地で行われている。ハナバイ、ハナフリ、ハナトリ、ハナマキ、ウチワトリなどと称され、花蓋や団扇蓋を奉納し、それを取り合って壊すということに共通性がみられる。

なかでも甲賀市甲賀町鳥居野に鎮座する大鳥神社では、大原祇園と称され、大原地域の9つの地区が参加する大規模な祭りとなっている。7月23日の宵宮では、夜、各地区から太鼓を着けた踊り子と切紙で美しく飾った灯籠を頭に掲げた人達が境内に練り込み、拝殿の前で灯籠をこわれるほど激しくぶつかり合う。24日の本祭は太鼓を付けた踊り子と花蓋が神社に集結する。花蓋は警護が打ち下ろす青竹をかいくぐって楼門前を進むが、花蓋が倒されると、見物人がもみ合うように

大原祇園の宵宮（甲賀市）

して花を取り合い、瞬く間に花蓋が壊される。

　かつて人々は、地域に災いをもたらすのは疫神のしわざと考えていた。花蓋や灯籠を疫神の依代として囃し集め、これを奪い合い取り壊すことで地域から疫神を送り出そうとした。美しい花や灯籠で飾った風流の祭りであり、地域の安全と繁栄を願う祈りの姿である。

大原祇園の花奪いの花傘

信楽町多羅尾

甲南町池田のハナバイ(写真:矢田直樹)

土山町白川神社(写真:関和夫)

信楽町杵原のハナフリ(写真:矢田直樹)

信楽町多羅尾

甲南町馬杉のハナバイ(写真:矢田直樹)

近江の祭りの担い手と将来展望

杉江集落内で最後の長刀振り

中山の芋競べ祭り（日野町）

1　祭りの特徴

近江は人と人、家と家、あるいは、村と村が、強い結びつきを有してきた地域である。こうした地域社会は、民俗文化を継承する伝承母体となっており、それゆえ祭りや年中行事がこれまで豊かに継承されてきた。今回ユネスコ無形文化遺産に登録された風流踊もそうした民俗文化の一つである。

現在多くの地域では、氏神の祭礼においてサンヤレ踊りやケンケト祭り長刀振り、太鼓踊りのような風流踊りが奉納されている。こうした踊りは、いわゆる「保存会」組織が結成され、日々の継承活動が行われている。この保存会組織も基本的には地域の住民、自治会員、氏子により構成され、年間を通して地域の自治会活動と連携した活動となる。このため、伊勢の太神楽や東北などの神楽団のように本拠地を離れ、各地を巡業して回るというようなことは、近江では行われない。それぞれの地域に根を張って継承されているのが近江の祭りであって、地域社会や氏神などと祭りと民俗芸能を切り離して考えることはできない、というのが滋賀県の風流踊の特徴と言える。

御上神社のずいきまつり（野洲市）

2　祭りを支える地域の状況

滋賀県は近年まで人口が増加している県であったが、2014年より人口の減少局面に入った。しかしながら祭りを継承している地域の集落では、昭和40年代から都市部への人口流出は続いている。一方の都市部においても、中心市街地の人口減少による空洞化が起きている。地域の戸数や人口は減り続け、それに反して65歳以上の高齢者の人口は増え続け、高齢化率は右肩上がりである。

　地域から人口流出が続く主たる要因は、地域社会の産業構造が大きく変わってしまったことにある。かつての生業の中心は、農業や林業、漁業を中心とする第一次産業であったが、現在はそのような状況ではない。青年層・壮年層は進学や就職により出身地域からいったん離れてしまうと、生活の基盤が他所に移ってしまう。地元での雇用の問題などと絡んでUターンは全国的にも思うようには進んでいない。働き盛りの世代が地域から少なくなると少子化も加速し、地域社会のあり様は変わらざるを得なくなる。

　地域社会のあり様が変われば、これまでと同様に祭りを続けていくことは難しくなる。実情に合わせ、祭礼の日程を土、日曜日に変えたということはよくみられることである。

小津神社の踊り子

若宮神社の竹馬まつり
（高島市新旭町）

3　祭りの現状

実際に、祭りを継承している地元の方からお話をお聞きすると、「祭りを続けていくことはたいへんだ」「引き継ぐ次の世代がいない」といったような声を必ずと言ってよいほど聞かれる。地域の子どもが少なくなって踊りが奉納できないといったことも、目の当たりにするようになってきた。

祭りを継承していくうえでの課題は、大きく3点に集約されると考えている。そのキーワードは「人」「資金」「熱意」である。

まず1点目の「人」は、祭りの担い手や踊り手、演じ手、あるいは子どもなどの次世代の後継者など担い手が少なくなっているという「人」に関するものである。風流踊では、大人だけではなく、子どもたちが担う役が多い。少子化の影響は極めて大きく、現在だけでなく将来にも及び、担い手不足の課題は、継承の「熱意」にも波及している。

2点目の「資金」は祭りの運営費や道具等の修理に関するものである。資金については祭礼当日だけのことではなく、衣装や太鼓などの道具類の修理や新調、神輿や曳山本体のような大規模な修理など様々な経費をどう確保していくかという中長期的な課題もある。さらに近年大きな課題となってきているのが、原材料の確保や職人や技術に関す

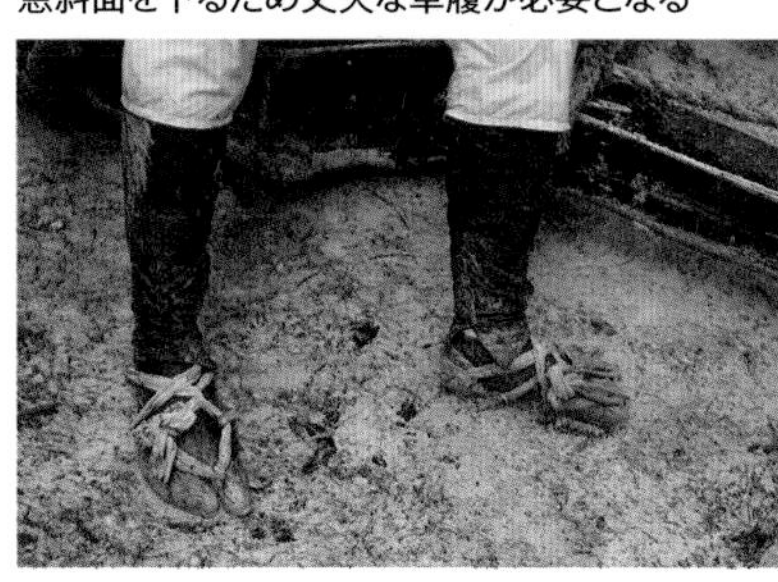

伊庭の坂下し祭り（東近江市）
急斜面を下るため丈夫な草履が必要となる

きらびやかな衣装が目を引くが今後、衣装の確保も課題である

ることである。草鞋を例に取ってみると、原材料のわらは、稲刈りを機械ではなくあえて手刈りし干して保管しておく必要がある。さらに言うと糯わらがよいとされる。それを叩いて草鞋に編むという手間がかかるうえに、編むことができる人が少なくなってきている。かつては日常遣いの何でもなかったものが、現在ではそうではなくなってしまっている。草鞋に限らず祭りにかかわる伝統的な原材料を確保すること、それを使いこなす技術や伝統的な技術を持つ職人を確保すること、そういった修理や製作を行うことが難しくなりつつある。

そして何より深刻なのが3点目の祭りに対する「熱意」の課題である。祭りに対する気持ちや地域の皆さんの協力が得られないということ、祭りを継承していこうという意欲や熱意が弱くなっている。この要因は、現代の人々の価値観の多様化など様々あろうが、祭りの今日的意義が見いだせていないこともあろう。

4　継承に向けての実例

「人」「資金」「熱意」これら3点の課題は、いずれも即解決できる特効薬は存在しない。新型コロナウイルス感染症の蔓延が、更なる追い打ちをかけている。

そうしたなか各地では、担い手の課題に対して様々な取

2011年、6年ぶりに開催された下余呉太鼓踊り。保存会が継承に努めている（写真：矢田直樹）

2014年女子の参加で復活した下余呉の太鼓踊り、写真は開催告知ポスター

り組みが行われている。特に子どもたちを育てていこうとする取り組みが重要で、実際にそのような取り組みが多い。

長浜市余呉町、下余呉の太鼓踊りは、境内広場の真ん中に据えた大きな太鼓を中学生が叩き、その周囲を小学校高学年の子太鼓と鉦が踊り、さらに中学生、小学生、幼稚園年長が参加しての音頭や笛などの囃子が円の外側にならぶ。子どもが踊るタイプの太鼓踊りで、やはり子どもが少なくなり、継承が難しくなっている。

下余呉の太鼓踊りは、青年が踊る太鼓踊りで太平洋戦争によって中断し、戦後間もなく復活するが、ほどなくして途絶えてしまう。その後、昭和48年に青少年の健全育成の手段の一つとして太鼓踊りが位置づけられ、子ども会が太鼓踊りを継承してきた。

しかし、子どもが少なくなり、踊りが奉納できない状態となり、平成23年と24年に久しぶりに太鼓踊りが奉納されたが、今回で最後になるかもしれないと言われていた。

その後、地域の中でこのまま太鼓踊り（地域では太鼓打ちと呼ぶ）をなくしてしまってよいのかという議論がなされた。太鼓を付けて踊るのは男子だけというしきたりがあるなかで、これを守ってこのまま太鼓打ちがなくなってしまうより、女子でも手を挙げてくれる子がいたらチャレンジしてもらって続けていこうという結論になり、平成26年の夏に、小太鼓に女子が参加して、見事な復活奉納となった。

「モノウモ」復元のようす
（写真：矢田直樹）

自分たちの太鼓打ちという文化が消えてしまうかもしれないという現実に直面した時、自らの地域を見つめ直すきっかけとなり、太鼓打ちが大切なものであると地域全体で再認識できたことが、下余呉での復活と継承には大きかったのではないかと考えている。

竜王町山之上のケンケト祭りには、「モノウモ」という踊りがあったと伝わり、地域の古老のみがその所作を知るだけとなっていた。保存会ではこのモノウモを復興させる最後のチャンスだと考え、地域の古老に集まってもらい、踊った当時の記憶を頼りに踊りの振り付けの復元に着手した。古老たちが長刀を手に半世紀ほど前の身体に残された記憶を引き出していくという作業が続き、試行錯誤の末、モノウモがよみがえった。

よみがえったモノウモの踊りは数人の子ども達に伝授され、平成28年の祭りで試行された。杉之木神社の境内で長刀振りの巡行中に「モノウモ」と声がかかるとこの踊りに切り替えて踊ったところ、変化に気付いた観客からの注目を集めた。次の祭りには、この踊りを踊りたいと、子ども達の方から習いたいとの手が挙がった。例年の祭りの継承に対して、踊りの復興という新たな風を起こすことで、保存会活動の活性化と祭りの継承の意欲を盛り立てるという戦略的、積極的な活動の事例と言える。特に子どもたちへの波及効果が大きかったのではないかと考えている。

地域ぐるみで祭礼をサポートする「さづかわ祭り教室」の取組（守山市提供）

守山市幸津川町の下新川神社伝統文化保存会では、文化庁の助成金を活用しながら、子どもたちに参加を呼びかけ、祭り教室を開いている。

かつては長刀を振った演技や曲芸が行われていたが、近年は子どもたちが長刀を持って巡行するだけになっている。祭りの迫力や賑わいを復活させようと保存会が主体となり、祭りの学習や長刀振りの体験を組み合わせたカリキュラムを作り、定期的に教室を開催し、子どもたちと長刀振りの復活を目指している。こうした取り組みから着実に祭り好きな子どもたちが育っている。

5　継承に向けて

こうした担い手を育てていく取り組みは、地域ごとの試行錯誤が重要で、勝利の方程式は存在しない。またその手法は一つとは限らない。すぐに結果が現れることもあれば、結果が出るまで世代をまたぐという息の長い取り組みや戦略も必要である。

子どもたちが踊りの稽古を積み重ね、当日を披露することで自分の中で達成感や充実感を得ることができるはずである。大人や年長者など地域の人たちとの関わりのなかで、礼儀作用やしきたりを学ぶ機会にもなる。こうしたことは学校教育とは異なる地域の「教育力」と呼べるものであり、

ユネスコ無形文化財登録を祝う
保存会の人たち（守山市提供）

あらためて指摘すると堅苦しくなるが、幾世代にもわたり先人たちが培ってきた叡智の一つと言える。

　普段は地域を離れて暮らしていても祭りの時は地元に戻って祭りを継承していくということも祭りの継承のあり方の一つである。そうした地元に帰ってこられる場所を作り出せるのも子どもの頃から関わった祭りのつながりだからこそ可能となるのであろう。

6　ユネスコ登録の意義

　このたび無形文化遺産に登録されたことで滋賀県各地の祭りがさらに有名となり、各地域の観光客が増え社会的経済的な効果が予想される。

　しかしながらこの登録はそうした経済的なことだけを期待しているのではない。この登録をきっかけとして、あらためて自らの地域の文化に、地域の方々自身が目を向けていただくことを期待している。現在に至るまで祭りや地域を紡いできた先人たちのことを今一度思い巡らせていただければ、地域に対する思いが深まり、さらなる皆さんの誇りや自信になることを目指している。

　さらに、今回登録された地域の祭りの関係者の方々に限らず、県下一円の祭りに波及することを願っている。ユネスコ無形文化遺産の登録とは、無形文化遺産保護条約に

背景は伊吹山　朝日の豊年太鼓踊り（米原市）

よって作成することが定められた「人類の無形文化遺産の代表的な一覧表」に記載されることであり、全国各地の多様な祭りの代表選手という意味である。例えるならば滋賀県内からは2件が代表して甲子園に出場するということである。条約の理念を広く解釈すると、滋賀県の祭り全体に対して世界からエールが送られているのである。

祭りの担い手が少なくなるなかで、祭りのよりよい継承の形は地域によって異なる。無形文化遺産保護条約では、祭りを継承し、交流を促進させ、発展させてほしいとの願いが込められている。よりよい継承のあり方は、地域の中から生まれてくるものであるが、けっして地域の枠の中だけで模索を求めているものではない。これからは、交流を促進し、他地域の事例や知恵、叡智などの情報を共有することが大事になってくる。このユネスコ無形文化遺産登録を機に、各地の祭りがこれまで以上に連携協力していくことが重要である。それが、無形文化遺産保護条約の趣旨を実践していくことでもある。

エピローグ

わたしたちは今、祭りの継承の大きな岐路に立っている。新型コロナウイルス感染症の蔓延が、更なる追い打ちをかけている。

小杖祭りの子どもたち（写真：矢田直樹）

祭りには、先人たちの叡智が詰め込まれていると考えている。そこに何かがあるから現代まで受け継がれてきた。今を生きる我々が気づかない知恵があって、次の代以降に気づき役立つことがあるかもしれない。そうした玉手箱を今の価値観だけで簡単に手放してよいのであろうか。

単に伝統やしきたりを守ることだけが祭りの継承ではないし、単純に改革をして簡略化すればよいというものでもない。簡略化したがために逆に地域の活力を失ってしまった事例も実際にある。この簡略化と同時に、地域の自信や誇りまでも失わせることとなっているのではないか、と問いたい。

祭りの継承は、地域の再生や未来を構築したうえでの手がかりを探ることと同一線上にある。地域コミュニティの継続性そのものが難しくなりつつあるなかで、地域全体で未来をどうマネジメントしていくのか、その議論を深め模索を続けていくことが今を生きる我々に求められている。

今回の無形文化遺産登録を単なる勲章にするのではなく、未来に向かって模索することこそ無形文化遺産保護条約の趣旨を実践することであり、未来の子どもたちに伝えていくべき「heritage」（伝統）である。

参考文献

滋賀県教育委員会文化財保護課編『滋賀県の民俗芸能』滋賀県教育委員会　１９９８年
滋賀県教育委員会文化財保護課編『滋賀県の祭礼行事』滋賀県教育委員会　１９９５年
草津市教育委員会事務局文化財保護課編『草津のサンヤレ踊り調査報告書　一（本編）国選択無形民俗文化財調査報告書』草津市教育委員会　２００３年
草津市教育委員会事務局文化財保護課編『草津のサンヤレ踊り調査報告書　二（資料編）』草津市教育委員会　２００２年
小杖祭り保存会編『小杖祭りの祭礼芸能』小杖祭り保存会／栗東町　１９９９年
滋賀県教育委員会事務局文化部文化財保護課編『近江のケンケト祭り・長刀振り　１　民俗文化財地域伝承活動』滋賀県教育委員会　１９８７年
滋賀県教育委員会事務局文化部文化財保護課編『近江のケンケト祭り・長刀振り　２　民俗文化財地域伝承活動』滋賀県教育委員会　１９８８年
文化庁監修「特集「風流踊」ユネスコ無形文化遺産登録」『月刊文化財』令和５年６月号（７１７号）第一法規　２０２３年
「「風流踊」ユネスコ無形文化遺産登録記念特集」『湖国と文化』令和５年春号（１８３号）（公財）びわ湖芸術文化財団　２０２３年
「特集　祭　よりどころ」『文化誌　近江学』第13号　成安造形大学附属近江学研究所　２０２２年

お世話になった方々（敬称略）

文化庁文化財第一課芸能部門主任文化財調査官　吉田純子
滋賀県文化スポーツ部文化財保護課　矢田直樹
栗東歴史民俗博物館
長東町自治会長　中島守

草津市歴史文化課
守山市総合政策部企画政策課
関和夫
中嶋誠一

写真撮影

辻村　耕司（つじむら・こうじ）

1957年滋賀県に生まれる。
滋賀県立膳所高校卒。
関西学院大学文学部地理学専攻中退。
湖国再発見をテーマに、琵琶湖周辺の風景・
祭礼を撮影。
滋賀県野洲市在住。
　おうみ祭り研究所主宰
　日本写真家協会会員

近江の祭礼行事❹

近江湖南のサンヤレ踊り
近江のケンケト祭り長刀振り
―神を囃し　人が舞う―

2023年10月10日　初版第１刷発行

監　修　**滋賀県民俗文化財保護ネットワーク**
写　真　**辻 村 耕 司**
デザイン　**オプティムグラフィックス**
発 行 者　**岩 根 順 子**
発 行 所　**サンライズ出版**
〒522-0004 滋賀県彦根市鳥居本町655-1
TEL 0749-22-0627

印刷・製本　**シナノパブリッシングプレス**

Printed in Japan　　ISBN978-4-88325-793-5

好評既刊本

近江の祭礼行事①

日吉山王祭

—山を駆け湖を渡る神輿たち—

写真・文：山口幸次
定価：本体 2,400円＋税

琵琶湖西岸にある延暦寺の門前町・大津市坂本で、３月上旬から４月中旬まで１カ月半にわたって繰り広げられる日吉山王祭。駕輿丁（神輿の担ぎ手）経験者が撮影・執筆した「天下の勇祭」のすべて。

近江の祭礼行事②

川道のオコナイ

—湖北に春を呼ぶ一俵鏡餅—

中島誠一 著
定価：本体 2,400円＋税

冬の空の下、五穀豊穣を祈願して、北近江地域で継承されてきたオコナイ行事。もっとも厳格かつ最大規模を誇る長浜市川道町のオコナイに密着。知られざる行事の全貌を紹介。

近江の祭礼行事③

勧請縄

—個性豊かな村境の魔よけ—

西村泰郎 著
定価：本体 2,400円＋税

集落の入口や鎮守の参道に大縄を掛け渡し、招福除災を願う年頭行事「勧請縄」。中央のトリクグラズの造形や祈禱札に記される文字などは、バラエティに富む。滋賀県に今も受け継がれる161カ所の姿をカラー写真で掲載。

近江旅の本

近江の祭りを歩く

辻村耕司 撮影／中島誠一 監修
定価：本体 1,800 円＋税

各地の曳山祭りや火祭り、すし切り祭、芋競べ祭、鍋冠まつりなど、滋賀県の伝統的祭礼およそ60を臨場感あふれるカラー写真とともに紹介したガイドブック。